공부비법을 찾아라 ①

성균관 공부벌레들

성균관

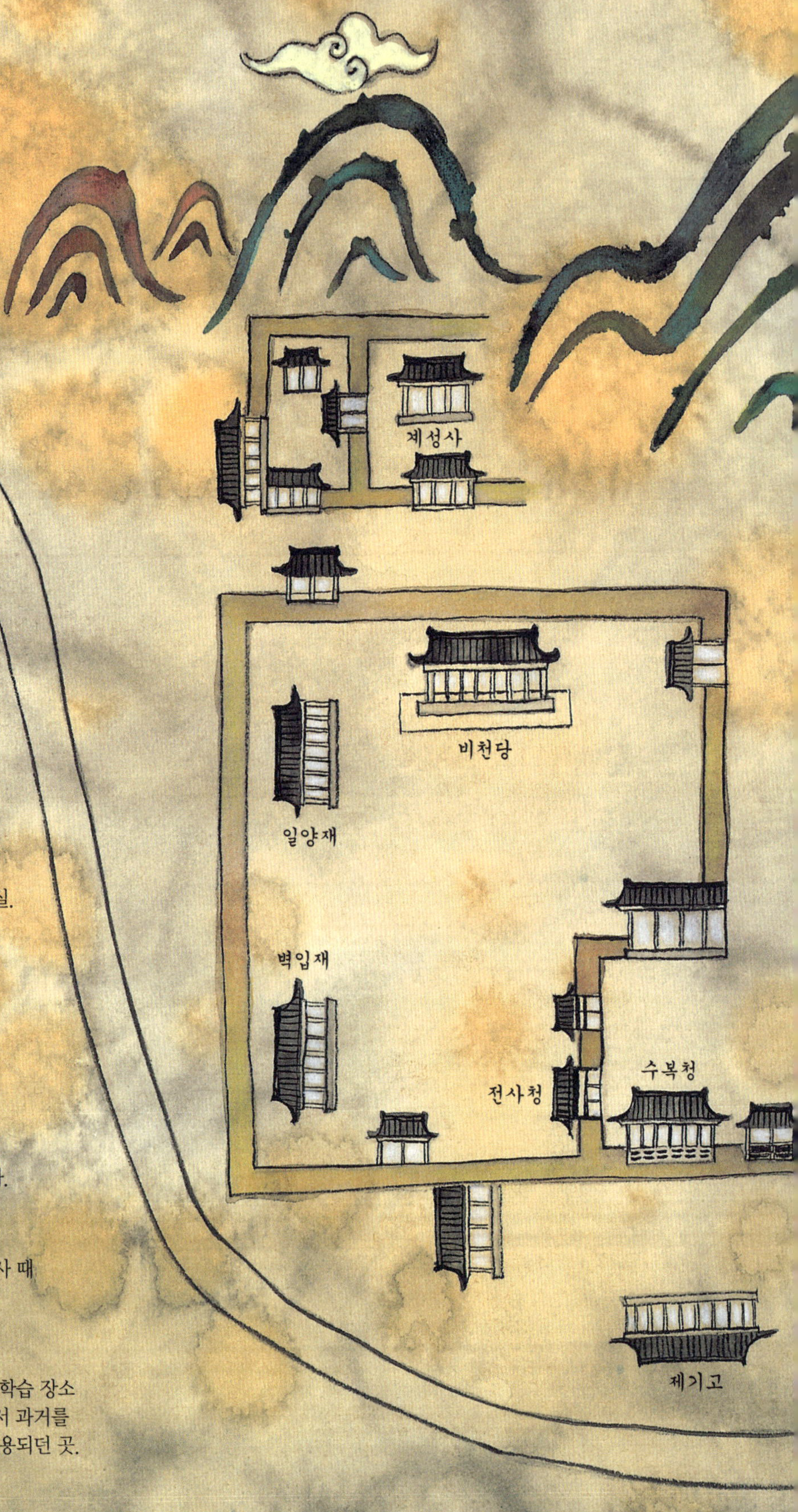

- **대성전**
유교의 큰 어른인 공자, 맹자 등 성현들의 제사를 지내는 곳.

- **명륜당**
유생들이 수업을 듣는 교실.

- **존경각**
학교 도서관.

- **정록청**
교직원들이 일하는 곳.

- **동재, 서재**
유생들이 생활하는 기숙사.

- **향관청**
일 년에 두 번, 성균관 제사 때 향을 준비하는 곳.

- **비천당**
성균관의 별당. 학생들의 학습 장소 또는 임금이 성균관에 와서 과거를 시행할 때 시험 장소로 사용되던 곳.

계성사

비천당

일양재

벽입재

전사청

수복청

제기고

- **비복청**
유생들에게 밥을 지어 주는 여인(다모)들의 숙소.

- **탕평비**
'당파 싸움하지 말고 사이좋게 지내자'라는 뜻으로 영조 임금이 세운 비석.

- **전사청, 제기고**
전사청은 제사용 물품을 보관하는 곳. 제기고는 제사용 그릇을 보관하는 곳.

노란돼지 공부비법을 찾아라 01
성균관 공부벌레들

초판 1쇄 2015년 1월 2일 | 초판 4쇄 2018년 5월 2일
글 권도일, 남수진 · 그림 김미정 | 펴낸이 황정임 | 펴낸곳 도서출판 노란돼지
경기도 파주시 (파주출판문화정보산업단지) 문발로 115, 307 (우)10881 | 전화 (031)942-5379
팩스 (031)942-5378 | 등록번호 제406-2009-000091호 | 등록일자 2009년 11월 30일
편집 황윤선 | 교정교열 김혜영 | 마케팅 김민경 | 디자인 이재민

도서출판 노란돼지는 독자 여러분의 의견을 기다립니다. yellowpig.co.kr
ISBN 978-89-94975-43-6 74370 ⓒ권도일, 남수진, 노란돼지 2015
이 책의 그림과 글의 일부 또는 전부를 재사용하려면 반드시 저작권자와 노란돼지의 동의를 얻어야 합니다.
이 도서의 국립중앙도서관 출판시도서목록(CIP)은 e-CIP홈페이지(http://www.nl.go.kr/ecip)와
국가자료공동목록시스템(http://www.nl.go.kr/kolisnet)에서 이용하실 수 있습니다.
(CIP제어번호: CIP2014034601) 값은 표지 뒷면에 있습니다.

제조국 대한민국 | 사용연령 8세 이상
주의사항 종이에 베이거나 긁히지 않도록 조심하세요. 책 모서리가 날카로우니 던지거나 떨어뜨리지 마세요.

공부비법을 찾아라 ①

성균관 공부벌레들

○ 김미정 * 그림
● 권도일 · 남수진 * 글

노란돼지

최항과 친구들

최 생원

성균관의 꼴찌.
다혈질이지만 의리가 있고
정이 많아 따르는 친구들이 많다.
성균관의 공부비법을 찾기 위해
좌충우돌한다.
정 진사와 단짝 친구.
실제 인물: 최항

정 진사

성균관의 최고 수재.
차분한 성격으로 사고뭉치
최 생원을 말 없이 곁에서
도와준다. 최 생원이 공부비법을
찾는 데 가장 큰 도움을 주는
진정한 친구.
실제 인물: 정약용

*일러두기
이 이야기는 역사적 사실을 바탕으로 재구성한 것이므로, 사실과 다소 차이가 있음을 미리 밝혀 둡니다. 최항과 정약용은 비록 재학 시기는 다르지만 성균관 출신이나 이덕무는 성균관 출신이 아닙니다.

이 진사

성균관의 최고 독서광.
책만 읽는 바보라고 친구들이
놀려 대도 뚝심 있게 계속
책을 읽는다.
실제 인물: 이덕무

황 진사

명품을 좋아하고
잘난 체하기를 좋아하지만
알고 보면 속 깊은
남자 중 남자.
최 생원의 라이벌.

차 례

＊성균관 내부 지도
＊최항과 친구들

1. 인생 최악의 날 · 11
- 인생 최악의 날 • 할아버지는 수호천사 • 성균관 공부비법

【 성균관 공부비법 一. 보고 또 보고 반복해서 보기 】
2. 똥독이 올랐다고요? · 27
- 정약용의 공부비법 • 암호를 풀어라! • 똥독이 올랐다고요?
- 최 생원의 유언 • 비법이 밝혀지다
 부록) 앗! 성균관 유생들도_ 시험은 무서워!
  〔성균관 공부법 함께 배워 봐요〕 1. 반복학습의 원리

【 성균관 공부비법 二. 책을 많이 읽기 】
3. 성균관에 귀신이 산다? · 59
- 책벌레 이 진사 • 성균관에 귀신이 산다? • 귀신 소탕 작전 • 의외의 결과
 부록) 앗! 성균관 유생들도_ 성균관 귀신 소동
  〔성균관 공부법 함께 배워 봐요〕 2. 독서와 공부의 관계

【 성균관 공부비법 三. 친구와 함께 공부하기 】
4. 명품이 좋아? • 87
• 황 진사 납시오 • 달걀로 바위 치기 • 운명을 건 한판 승부
• 결전의 날 • 모두가 승자
부록) 앗! 성균관 유생들도_ 성균관 패션왕
〔성균관 공부법 함께 배워 봐요〕 3. 동료 학습 효과 (peer effect)

【 성균관 공부비법 四. 요약 정리하기 】
5. 부채신공의 비밀 • 121
• 달콤한 유혹 • 부채신공의 비밀 • 불타는 부채 • 머릿속에 다 있지요
부록) 앗! 성균관 유생들도_ 성균관 커닝 대사건!
〔성균관 공부법 함께 배워 봐요〕 4. 노트 정리법

6. 내일은 일등! • 147

* 실존 인물을 소개합니다 • 154

* 더 알고 싶어요 • 156

1. 인생 최악의 날

인생 최악의 날

오늘은 사나이 최항의 인생에서 최악의 날이었어요.

친구들과 축구를 하다가 날아오는 공을 막는다는 것이 그만……. 으아!

"야! 너 우리 반 맞냐?"

"항이, 너 3반으로 이사 가라!"

"어이, 3반 스파이! 배신자!"

당분간은 학교생활이 좀 피곤할 것 같아요. 한참 잘나가던 항이의 인생이 왜 이리 꼬인 걸까요?

평소 같으면 방과 후 친구들과 어울려 놀았을 테지만 항이는 오늘 세상만사가 다 귀찮았어요.

"학교 다녀왔습니다."

힘없는 목소리로 인사를 한 항이는 가방을
바닥에 던지듯 내려놓았어요.
그런데 오늘은 왠지 집 분위기가 이상하네요.
평소 같으면 "우리 아들 왔어? 힘들지? 얼른 들어오렴." 하고
반갑게 웃으며 가방을 받아 줄 엄마가 오늘은 항이를
요렇게 노려보고 있지 뭐예요.
항이는 직감적으로 느꼈어요.
'뭔가 잘못된 게 분명해! 뭐지? 뭐지?'

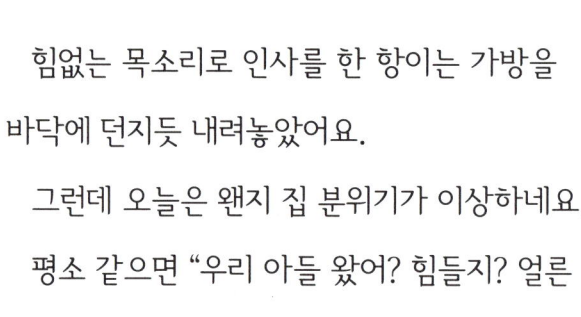

 엄마 지갑에서 천 원 꺼내서 피시방 갔던 것, 방 청소 안 한 것, 문제집 살 돈으로 피자 사 먹은 것…….

 그동안 잘못한 것들이 항이의 머릿속을 뱅뱅 돌았어요.

'대충 요거 셋 중 하나인데…….'

 항이는 가만히 엄마 눈치를 살폈어요.

 그때 엄마가 한 손에 들고 있는 구겨진 종이 뭉치가 보였어요.

'으, 저건!'

지난번 중간고사 때 본 시험지였어요. 구겨서 침대 밑에 숨겨 둔 걸 엄마가 발견했나 봐요.

완전 망했어요.

"항이 너! 엄마랑 얘기 좀 하자."

"무, 무슨 얘기? 나 피곤해요."

항이는 재빨리 방으로 들어가 문을 잠갔어요.

"너 이 녀석! 얼른 문 안 열어? 항이 너!"

엄마 숨소리가 심상치 않았어요. 문을 열면 최소한 사망이에요.

항이는 방문 손잡이를 꼭 잡았어요.

'딱 30분만 버티면 돼.'

이제 곧 엄마가 출근할 시간이거든요.

그때 엄마의 목소리가 들렸어요.

"항이 너! 셋 셀 동안 안 나오면 네가 제일 아끼는 스마트폰 갖다 버린다!"

'앗! 저런 야비한……'

항이는 두 주먹을 불끈 쥐었어요.

스마트폰은 외국에 일하러 간 아빠가 항이의 생일날 선물로 준 거예요. 항이가 목숨보다 아끼는 아이템인데, 엄마가 그걸 알고 저런 꼼수를 부리는 거예요.

"하아나."

"두~울."

항이의 눈에 눈물이 그렁그렁 맺혔어요. 완전 실망이에요. 엄마가 저렇게 얍삽한 인물인지 정말 몰랐어요.

"두울 반."

"둘 반에 반."

"세……."

"나왔어요. 나왔다고요."

항이가 문을 박차고 나와 엄마 손에서 스마트폰을 빼앗았어요.

항이는 스마트폰을 소중하게 들고 여기저기 살폈어요. 혹시나 엄마가 함부로 다뤄서 흠이라도 나지 않았나 하고요.

다행히 스마트폰은 별 문제가 없어 보였어요.

항이는 고개를 들어 엄마를 바라보았어요.

'헉!'

엄마가 불꽃이 이글거리는 눈으로 항이를 노려보고 있었어요. 엄마의 저런 눈빛은 한 번도 본 적이 없어요.

'이제 난 죽······었······다.'

항이는 힘없이 고개를 푹 숙였어요.

할아버지는 수호천사

"항이 이 녀석! 너 오늘······."

엄마가 항이 귀를 잡아 비틀었어요. 엄마의 필살기예요.

"아, 아! 왜 이래요······. 놔, 놔요. 놓고 얘기해요. 아······악~!"

바로 그때였어요.

"에미야."

위기에 빠진 항이에게 한줄기 구원의 빛이 찾아왔어요.

"누가 우리 손자 못살게 구누? 항아, 이리 온."

"할아버지~이!"

항이는 엄마의 손을 뿌리치고 할아버지 등 뒤에 숨었어요.

할아버지는 항이의 수호천사예요.

언제나 엄마의 잔소리로부터 항이를 지켜 주시거든요.

후유, 이제 살았어요. 엄마는 아무리 화가 나도 할아버지 앞에서는 꼼짝도 못하니까요.

항이는 여유만만하게 웃으며 엄마에게 혓바닥을 날름 내밀었어요.

"아버님! 아버님이 그렇게 항이를 감싸시니까 얘가 도무지 공부할 생각을 안 해요."

"에미야, 너무 공부, 공부 하지 마라. 애들은 그저 건강하고 밝게 자라는 게 제일이다."

평소 같으면 할아버지 말씀을 따르는 엄마였지만 오늘은 화가 단단히 났나 봐요. 절대 물러서지 않을 태세였어요.

"아버님, 항이가 몇 점 받았는지 아세요?"

엄마가 할아버지에게 시험지를 내밀었어요.

항이의 시험지에는 커다랗게 '0'이라고 쓰여 있었어요.

"빠, 빵점……. 우리 항이가?"

시험지를 든 할아버지의 손이 부들부들 떨렸어요. 얼굴까지 붉으락푸르락해졌어요.

항이는 가슴이 '쿵' 하고 내려앉았어요.

할아버지가 이렇게 화가 나신 모습은 한 번도 본 적이 없었거든요.

"어험! 항이 네 이놈! 할아버지 방으로 좀 건너오거라."

항이는 도살장에 끌려가는 소처럼 고개를 푹 숙이고 할아버지를 따라갔어요.

"아버니임, 항이 좀 따끔하게 혼내 주세요. 종아리도 몇 대 때려 주시고요."

등 뒤에서 엄마가 마구 부채질을 했어요.

저렇게 얄미울 수가? 항이는 너무 분해 그만 눈물이 찔끔 났어요.

엄마는 악당이 틀림없어요.

할아버지 방에 들어온 항이는 고개를 푹 숙인 채 꿇어앉았어요.

항이의 가슴이 콩닥콩닥 뛰었어요.

이제 무슨 불호령이 떨어질까요?

"네 이놈!"

드디어 올 것이 왔어요.

항이는 잔뜩 겁을 집어먹은 토끼눈이 되어 할아버지를 쳐다봤어요.

어? 그런데 이게 웬일일까요?

할아버지가 항이를 보고 웃으며 윙크를 하시는 게 아니겠어요?

항이는 그저 멍하니 할아버지만 바라볼 뿐이었어요.

할아버지가 다시 눈을 깜빡깜빡하며 호통을 치셨어요.

"너 이 녀석 오늘은 단단히 혼 좀 나야겠다!"

할아버지는 손바닥으로 자신의 무릎을 '찰싹, 찰싹' 막 치셨어요.

그제야 눈치를 챈 항이는 곧장 연기에 들어갔어요.

'찰싹!' '찰싹!'

"아야, 야야~ 아이고! 할아버지, 잘못했어요. 흑흑……."

'찰싹!' '찰싹!'

"아야, 아야~ 용서해 주세요. 다신 안 그럴게요."

"앞으로 공부도 열심히 하고 엄마 말씀도 잘 들을 테냐?"

"네~, 할아버지. 흑흑……."

항이도 할아버지에게 윙크를 보냈어요.

두 사람은 마주 보며 키득키득 웃었어요.

이 모습을 본다면 엄마는 어떤 표정을 지을까요?

성균관 공부비법

"항이야, 공부하기 힘들지?"

할아버지가 항이의 머리를 쓰다듬으며 말씀하셨어요.

"네, 할아버지. 너~무 힘들어요. 학교도 가야 하고 학원도 다녀야 하고……. 휴~, 조선 시대에 태어났으면 얼마나 좋았을까요? 공부도 안 해도 되고."

할아버지는 미소를 지으며 말씀하셨어요.

"항이야, 그렇지 않단다. 조선 시대에는 지금보다 훨씬 더 공부를 많이 해야만 했어."

"진짜요?"

"그럼. 할아버지가 재미있는 옛날이야기 하나 해 줄까?"

"네!"

항이는 신이 나서 대답했어요.

할아버지의 옛날이야기는 정말 재미나거든요.

"옛날 조선 시대 때 우리 최씨 가문에 성균관 대사성을 지낸 훌륭한 어른이 계셨단다. 성균관 대사성이면 지금으로 따지면 서울대 총장쯤 될까? 아무튼 조선에서 가장 학문이 뛰어난 사람만이 오를 수 있는 자리지. 그런데 그분 함자가 뭔 줄 아니?"

"……."

"바로 최! 항! 이란다."

"앗! 항이라고요?"

항이는 깜짝 놀랐어요.

"어? 항이는 내 이름인데……."

"너도 그분처럼 훌륭한 사람이 되라고 이 할아버지가 네 이름을 항이라고 지었지."

항이는 뿌듯해졌어요. 훌륭한 선조 할아버지와 이름이 똑같다니. 그러고 보면 최항이라는 이름이 제법 멋진 이름 같기도 해요.

"그런데 이분도 처음부터 공부를 잘했던 건 아니었어. 항이 너처럼 공부를 못했단다. 아니, 실은 너보다 훨씬 못했지. 처음 성균관에 들어갈 때는 꼴찌였으니까."

"꼬……, 꼴찌요?"

"그래. 하지만 졸업할 땐 성균관 전체 일등을 차지하셨지. 과거 시험에도 장원으로 급제해서 임금님께서 직접 따라 주는 술인 어사주도 받으셨단다."

항이는 할아버지 말씀이 믿어지지 않았어요. 아니, 꼴찌가 일등이 될 수 있다니! 그렇다면 항이도 일등이 될 수 있다는 이야기잖아요. 게다가 항이가 공부를 좀 못하기는 해도 꼴찌는 아니거든요.

"그런데 최항 할아버지가 꼴찌에서 일등이 될 수 있었던 데에는 다 이유가 있단다. 그건 바로 성균관에서 비밀리에 전해져 내려오는 네 가지 공부비법을 알고 있었기 때문이지."

"네 가지 공부비법? 그게 뭔데요?"

주위를 살피던 할아버지가 항이의 귓가에 속삭이듯 말했어요.

"그 네 가지 공부비법이 뭐냐 하면……."

성균관 공부비법 1. 보고 또 보고 반복해서 보기

2. 뚱독이 올랐다고요?

정약용의 공부비법

"공자왈! 맹자왈! 왈왈, 에잇!"

최 생원(최항)은 읽던 책을 집어던지고 벌러덩 누워 버렸어요.

분명히 방금 읽었던 내용인데 하나도 기억이 안 나지 뭐예요.

최 생원 머릿속에는 커다란 지우개가 들어 있나 봐요.

"에잇, 이런 돌대가리 같으니라고!"

최 생원은 주먹으로 자기 머리통을 마구 두들겼어요.

"아이고! 아야아!"

주먹이 깨지는 것만 같았어요.

주먹으로 머리를 두들겼는데 주먹이 아프다니, 돌머리가 틀림없군요.

"자네 지금 뭐 하나?"

정 진사(정약용)가 빙글빙글 웃으며 최 생원을 바라보고 있었어요.

또 '뭔가 놀려 먹을 게 없나?' 하고 찾아온 것이 분명해요.

"왜 남의 방을 엿보고 그래요? 얼른 나가요."

"아, 미안. 어디서 돌 깨지는 소리가 들리기에……."

"나가라니까요."

최 생원이 벼루를 집어서 던지는 시늉을 했어요.

"지, 지금 나가네. 던지지 말게."

정 진사는 깜짝 놀라 줄행랑을 쳤어요.

지난번에도 최 생원을 놀리다가 벼루에 이마빡이 깨진 적이 있었거든요.

"우쒸! 우쒸!"

최 생원은 분이 풀리지 않는 듯 씩씩거렸어요.

"자기가 공부를 잘하면 얼마나 잘한다고. 어디 두고 봐. 코를 납작하게 해 주겠어!"

최 생원은 던졌던 책을 다시 집어 들었어요.

"공자왈! 맹자왈! 왈왈!"

마지못해 책을 읽던 최 생원에게 문득 한 가지 생각이 떠올랐어요.

'가만! 정 진사라면 뭔가 특별한 공부비법이 있지 않을까?'

성균관 일등을 한 번도 놓친 적 없는 정 진사라면 뭔가 특별한 공부비법을 알고 있을 것만 같았어요.

'정 진사의 공부비법을 알아내고 말겠어.'

하지만 아무리 생각해 봐도 좋은 생각이 떠오르지 않았어요.

그렇다고 대놓고 물어보기에는 자존심이 상하는 일이었어요.

또 얼마나 잘난 척을 할지, 생각만 해도 으…….

'뭔가 좋은 방법이 없을까?'

골똘히 생각에 잠겼던 최 생원은 무릎을 탁 쳤어요.

'그래! 그거야. 왜 그걸 진작 생각하지 못했지?'

암호를 풀어라!

최 생원은 마루 밑에 숨어 밤이 오기만을 기다렸어요.

날은 점점 어둑어둑해졌어요.

"공자왈, 맹자왈, 왈왈."

밤늦도록 정 진사의 글 읽는 소리는 끊이지 않았어요.

"아이고, 힘들어. 도대체 잠은 언제 자는 거야?"

하루 종일 군고구마 하나로 허기를 채우며 마루 밑에 엎드려 있으려니, 여간 힘든 게 아니었어요.

새벽녘이 다 되어서야 정 진사의 방에 불이 꺼졌어요.

최 생원은 조금 더 기다리기로 했어요. 정 진사가 깊은 잠에 빠져야 하니까요.

'지금쯤 세상모르고 잠들었겠지?'

최 생원은 마루 밑에서 슬그머니 기어 나왔어요.

주변을 살피던 최 생원은 허리춤에서 아까 식당에서 슬쩍해 둔 숟가락을 꺼냈어요.

이 숟가락 하나만 있으면 이까짓 문 따는 것쯤이야 식은 죽 먹기거든요.

'딸깍.'

최 생원은 능숙한 솜씨로 잠긴 방문을 열었어요.

역시 정 진사는 업어 가도 모를 정도로 깊은 잠에 빠져 있었어요.

최 생원은 뒤꿈치를 들고 살금살금 도둑고양이 걸음으로 방에 들어갔어요.

'어디 보자, 어떤 책에 정 진사의 공부비법이 숨어 있을까?'

최 생원은 주변을 살폈어요.

잠든 정 진사 머리맡에 펼쳐져 있는 책 한 권이 눈에 띄었어요.

정 진사가 방금 전까지 읽던 책이 분명해 보였어요.

'좋아! 이 책이면 충분해!'

최 생원은 책을 옆구리에 끼고, 만족스러운 표정으로 유유히 빠져나왔어요.

* * *

"무슨 책이 이렇게 낡았어? 똥걸레가 따로 없군."

최 생원은 툴툴거리며 훔쳐 온 책을 살폈어요.

책은 너무 낡은 데다 손때까지 잔뜩 묻어서 글씨가 안 보일 지경이었어요.

"어쨌든 이 책 어딘가에 분명 정 진사의 공부비법이 숨어 있을 거야."

최 생원은 책을 꼼꼼히 들여다보았어요.

최 생원이 찾아낸 단서는 두 가지였어요.

단서 1. 책이 무척 낡았다.
단서 2. 책 마지막 페이지에 바를 정(正) 자가 잔뜩 쓰여 있다.

"책이 낡았다는 건 당연히 열심히 공부했다는 뜻일 테고……. 그런데 이 바를 정(正) 자는 뭐지? 공부비법을 숨겨 둔 암호가 틀림없어!"

'뭘까? 뭐지? 뭐야?'

밤을 꼬박 새워 가며 끙끙댔지만 최 생원은 도저히 암호를 풀 수가 없었어요.

어느새 날이 밝아 왔어요.

"이거 큰일인데……."

최 생원은 점점 초조해졌어요. 작전이 어긋나고 있었거든요.

원래는 얼른 공부비법을 알아내고 정 진사가 깨기 전에 도로 책을 가져다 놓을 생각이었어요.

그런데 이대로 있다가는 공부비법을 알아내기는커녕 꼼짝없이 책

도둑으로 몰리게 생겼어요.

"꼬~끼오! 꼬꼬!"

최 생원은 결국 첫닭이 울 때까지도 암호를 풀지 못했답니다.

똥독이 올랐다고요?

다음 날 아침.

"이보게, 최 생원. 어젯밤에 내 방에 도둑이 들었다네."

"네에?"

정 진사의 말에 최 생원은 가슴이 철렁했어요.

"자고 일어났더니, 글쎄 누군가 내 책을 집어 갔지 뭔가?"

최 생원이 능청을 떨었어요.

"에이! 그럴 리가요. 어디다 두고 깜빡하신 게 틀림없어요. 한번 잘 찾아봐요."

"그래? 그럼 다행이긴 한데. 실은 내가 얼마 전에 그 책을 똥간에 빠뜨린 적이 있거든. 그래서 말리는 중이었다네."

또옹?

최 생원은 순간 머리가 띵해졌어요.

'가만! 그러고 보니 그 책을 만진 손으로 떡도 집어 먹고 약과도 먹고, 또 유과를 먹을 때는 너무 맛나서 손가락도 쪽쪽 빨았는데……'

최 생원은 갑자기 속이 메슥거려 헛구역질을 했어요.

"우~웩, 우~~웩!"

"아니, 자네 갑자기 왜 그러나?"

"아, 아무것도 아녜요. 그냥 아침 먹은 게 체했나 봐요. 벼, 별것 아니니까 신경 쓰지 마요."

부랴부랴 방으로 돌아온 최 생원은 손을 백 번 넘게 씻고 또 양치질도 이백 번 정도 했어요. 하지만 찝찝한 기분은 사라지지 않았어요.

또 다음 날 아침.

최 생원은 아침밥도 걸렀어요. 어제 일로 하루 종일 속이 좋지 않았거든요.

수업을 들으러 가던 최 생원은 정 진사를 만났어요.

그런데 정 진사의 표정이 좋지 않았어요.

"정 진사님, 무슨 일 있어요?"

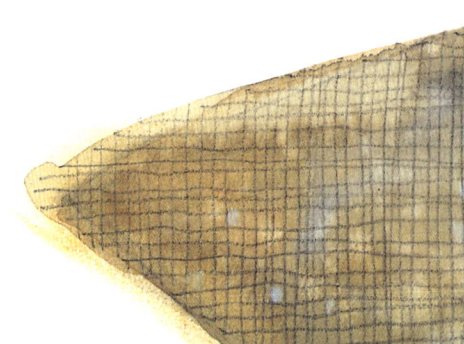

"집에서 편지가 왔는데……, 내 사촌이 죽었다네."

"저런, 어쩌다가?"

"똥간에 빠져 똥독이 올라 그만……."

두둥!

최 생원은 수업도 포기하고 방으로 돌아왔어요.

정 진사의 이야기가 자꾸만 귓가에 맴돌았어요.

_ 똥독이 오르면 온몸이 근질근질하다지?

'가만! 그러고 보니 아까부터 몸이 좀 근질근질한 것 같긴 해!'
최 생원은 온몸을 벅벅 긁어 댔어요. 긁으면 긁을수록 몸이 점점 더 근질근질해지는 것 같았어요.

_ 헛구역질도 나고 열도 펄펄 끓는다는데…….

'맞아! 어제 정 진사 앞에서 분명히 헛구역질을 했어!'
최 생원은 얼른 자신의 이마를 짚어 보았어요.
약간이지만 분명히 이마에 열이 나는 것 같았어요.
쿵!
'또, 똥독이 올랐구나!'
최 생원은 눈앞이 새하얘졌어요.

**_ 똥독이 오르면 열흘을 못 넘기고 죽는다네. 내 사촌도 열흘
　만에…….**

"어, 엄마!"

_ 약도 없대. 꼼짝없이 죽는 거지 뭐!

최 생원의 유언

최 생원은 그날로 자리에 앓아누웠어요.

며칠째 밥 한 술, 물 한 모금 먹지 못하고 끙끙 앓기만 했어요.

성균관 친구들이 병문안을 왔어요.

"아니, 최 생원! 건강하던 자네가 이게 웬일인가?"

"도대체 무슨 병인가?"

친구들이 아무리 물어도 최 생원은 아무 말없이 눈물만 흘릴 뿐이었어요.

아니! 친구들한테 똥독 올랐다는 말을 어떻게 하겠어요?

이왕 죽을 거면 남자답게 멋지게 죽어야지. 세상에, 똥독이라니!

아마 최 생원이 죽고 나면 친구들이 장례식에 와서 슬픈 표정을 지으며 속으로 웃음을 참느라 고생하겠지요?

"이봐! 최 생원이 무슨 병으로 죽었대?"

"그, 그게 말이지. 또, 똥……. 내 입으로는 차마 말 못 하네."

그리고 최 생원의 묘비에는 아마 이렇게 적힐 거예요.

'생원 최항. 향년 15세. 똥독이 올라 이곳에 잠들다.'

아! 이런 가문의 망신이…….

이러다가 똥독이 올라 죽기 전에 창피해 죽을 지경이었어요.

최 생원의 병은 점점 더 깊어져만 갔어요.

친구들은 저마다 몸에 좋은 음식과 약을 구해 와 최 생원에게 권했지만 최 생원은 입에도 대지 않았어요.

의원도 고개를 가로저었어요.

"흠, 도무지 무슨 병인지 알 수가 없구먼."

책을 훔친 지 9일째 되는 날이었어요.

최 생원은 숨을 쉴 힘조차 남아 있지 않았어요.

친구들은 걱정스러운 표정으로 최 생원의 얼굴만 바라보고 있었어요.

"난 이제 내일이면 죽는다네. 그동안 모두들 고마웠네."

그러자 친구들이 펄쩍 뛰었어요.

"아니, 최 생원! 그게 무슨 소린가?"

"약한 소리 말고 얼른 털고 일어나게."

"아냐, 내 병은 내가 알아. 열흘 만에 죽는 병이거든."

"도대체 무슨 병이기에 그러나? 속 시원히 말 좀 해 보게."

"그래, 얼른 말해 봐. 의원도 알 수 없다니 큰 병이 틀림없는 것 같은데……."

하지만 최 생원은 끝까지 아무 말도 하지 않았어요.

사나이 자존심은 목숨보다 소중한 거니까요.

"내 벼루랑 붓은 이 진사가 가지고, 내가 아끼는 여우 가죽 장갑은 박 진사 자네가 가지게. 그리고 쿨럭, 쿨럭. 헉, 헉……."

"최 생원, 말을 너무 많이 하지 말게."

"그리고 장롱 밑에 떡과 유과를 감추어 두었으니 꺼내서 나누어 먹게. 헉, 헉……."

"흑흑, 최 생원. 흑흑!"

"엉엉! 최 생원, 죽으면 안 되네."

친구들은 모두 눈물을 흘리며 슬퍼했어요.

"이제 다들 나가 보게. 혼자 있고 싶네. 쿨럭, 쿨럭."

비법이 밝혀지다

한동안 코빼기도 보이지 않던 정 진사가 웬일로 병문안을 왔어요. 친구가 죽을병에 걸렸는데 뭐가 좋은지 연신 싱글벙글이었어요.

"내, 자네의 병을 고쳐 주러 왔지."

최 생원은 말없이 고개를 저었어요.

의원도 두 손 두 발 다 든 병을 정 진사가 무슨 수로 고치겠어요?

최 생원이 손짓으로 정 진사를 가까이 불렀어요.

"저, 정 진사님!"

최 생원은 눈물을 펑펑 쏟으며 말했어요.

"고, 고백할 것이 있는데……, 실은 제가 정 진사님의 공부비법을 알고 싶어 책을 훔쳤어요. 저는 비록 똥독이 올라 억울하게 세상을 떠나지만 정 진사님은 반드시 대과에 합격해서 높은 관리가 되세요. 제가 정 진사님에게 남기는 마지막 부탁입니다."

정 진사는 고개를 푹 숙인 채 최 생원의 유언을 듣고 있었어요. 어깨가 들썩들썩하는 걸로 봐서 울고 있나 봐요.

"흐흐흐……."

"정 진사님, 울지 마세요. 정 진사님과 함께해서 그동안 행복했어요."

최 생원이 정 진사의 두 손을 꼭 잡으며 위로했어요.

하지만 정 진사는 계속 어깨를 들썩이며 흐느꼈어요.

"흐흐흐흐……."

"정 진사니임~."

최 생원은 가슴이 뭉클해졌어요.

'나를 위해 이렇게 서럽게 울어 주는 친구가 있다니!'

역시 정 진사는 최 생원의 진정한 친구였어요.

최 생원은 잠시나마 정 진사를 원망했던 자신이 몹시 부끄러워졌어요.

"정 진사님, 울지 마세요."

최 생원은 눈물을 닦아 주려고 정 진사의 얼굴을 만졌어요.

어라! 그런데 뭔가 이상해요.

가만히 보니까 정 진사는 울고 있는 게 아니었어요.

"흐흐흐, 흐하하하하하."

웃음을 참느라 어깨를 들썩인 거였어요.

"하하하하하. 이보게, 최 생원. 그 책을 똥간에 빠뜨렸다는 건 다 뻥이라네. 내 진작 그 책을 자네가 훔쳐 간 걸 알고 있었지. 자네를 놀려 먹을 셈으로 책을 똥간에 빠뜨렸다고 농담을 한 걸세. 자! 그만 털고 일어나시게."

화가 머리끝까지 뻗친 최 생원은 벌떡 일어나 벼루를 냅다 집어 던졌어요.

"어이쿠!"

정 진사는 벼루를 겨우 피하고 잽싸게 줄행랑을 쳤어요.

최 생원은 정 진사의 뒤를 쫓았어요.

"이 인간! 오늘은 절대 가만 두지 않겠어."

성균관 유생들은 어리둥절한

표정으로 두 사람을 바라보았어요.

"아니, 저건 조금 전까지만 해도 다 죽어 가던 최 생원이 아닌가?"

"펄펄 나는 걸 보니 또 꾀병이었군."

두 사람의 추격전은 성균관이 떠나가도록 계속되었어요.

"헉헉, 아이고. 더 이상은 죽어도 못 달리겠다."

최 생원은 풀밭에 쓰러지듯 누웠어요.

열흘 가까이 밥 한 술, 물 한 모금 먹지 못하고 죽어라 달리니까 머리가 핑핑 도는 것만 같았어요.

정 진사도 지친 듯 최 생원 곁에 누웠어요.

"나도 더 이상은 못 도망가겠네. 날 잡아먹든 어쩌든 알아서 하게."

최 생원은 정 진사의 농간에 빠져 그동안 마음고생한 자신이 너무나 우스웠어요.

"으하하하!"

"갑자기 왜 웃나? 자네 실성했나?"

"하하하, 그런데 궁금한 게 있어요. 책 마지막 페이지에 바를 정(正) 자를 잔뜩 써 놨던데 그게 무슨 뜻이죠? 뭔가 암호 같긴 한데, 아무리 생각해 봐도 풀 수가 있어야지 말이지요."

"아, 그거? 별거 아니네. 책 한 번 읽을 때 마다 한 획씩 표시해 둔 거야. 그러니까 바를 정(正) 자 하나면 책을 다섯 번 읽은 셈이지."

"아니! 그럼 그 암호란 게 그냥……."

바를 정(正) 자는 그냥 책을 읽은 횟수를 표시한 것일 뿐이었어요. 아무것도 아닌 걸 무슨 특별한 암호인 줄 알고 풀려고 그동안 고생한 것을 생각하면……. 아오! 게다가 똥독 오른 줄 알고 마음고생은 또 얼마나 했다고요.

최 생원은 너무나 허탈한 나머지 온몸에서 힘이 쭉 빠지는 것 같았어요.

"그나저나 이 정(正) 자가 도대체 몇 개야?"

최 생원은 정 진사의 책 뒤에 쓰여 있는 바를 정(正) 자를 한번 세어 보았어요.

"하나, 둘, 셋, 넷……육십. 가만! 육십 개를 다섯 번 곱하면, 헉! 설마 정 진사님은 이 책을 삼백 번이나 읽은 거예요?"

정 진사는 미소를 지으며 고개를 끄덕였어요.

"이보게, 최 생원! 공부에 특별한 비결이란 게 있을 리가 있나? 나도 책을 한 번 읽어서는 기억이 나질 않는다네. 두 번, 세 번 반복해서 읽다 보면 몰랐던 게 저절로 이해가 되고 어느새 머릿속에 들어오게 되지."

"아!"

최 생원은 고개를 끄덕였어요.

정 진사의 공부비법은 바로 반복학습이었어요.

비록 기대했던 특별한 공부비법은 아니었지만 최 생원은 오늘 큰 깨달음을 얻었답니다.

천하의 정 진사도 삼백 번이나 읽은 책을 최 생원은 고작 한두 번 읽고 다 기억나길 바랐다니, 도둑 심보가 따로 없군요. 그러고는 애꿎은 머리통만 두들겨 댔으니, 이거 원!

최 생원은 머리에게 괜히 미안해졌어요.

최 생원은 머리를 쓰다듬으며 혼잣말을 했어요.

"머리야! 미안해."

아니, 주먹이 아팠으니 주먹에게 사과를 해야 할까요?

정 진사는 그런 최 생원을 바라보며 빙긋 웃었답니다. ✽

앗! 성균관 유생들도

시험은 무서워!

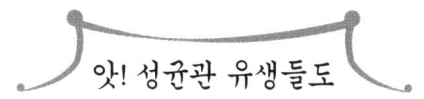

여러분은 시험 공포증이 있나요? 시험 날만 되면 괜히 배가 아프고, 자꾸만 찔끔찔끔 오줌이 마려워 열 번도 넘게 화장실을 들락거리고, 평소에는 잘 아는 문제도 시험지만 받아 들면 머리가 하얘져서 아무것도 생각나지 않고…….

괜찮아요. 여러분만 그런 건 아니니까요. 다들 그래요. 시험은 어른들도 무서워한답니다.

성균관 유생들도 시험 공포증에서 자유롭지 않았어요.

여기 성균관에 시험 공포증 종결자가 있었으니, 그 이름은 바로…….

성균관 시험장(명륜당)에서 모두들 긴장된 얼굴로 시험을 치를 준비를 하고 있었어요.

시험장 한쪽 구석에 한 유생이 있었어요. 그의 이름은 박대립. 그는 시험지보다 더 하얗게 질린 얼굴로 몸을 사시나무 떨 듯 벌벌 떨고 있었어요. 이까지 딱딱 부딪치고 있었는데 보기에도 안쓰러울 정도였지요.

시관(시험 감독관)은 안타까운 표정으로 박대립을 지켜보고 있었어요. 그는 박대립의 평소 실력을 알고 있었거든요.

박대립은 성균관에서 손꼽히는 수재였어요. 《사서》는 물론이고 《오경》까지 제 손바닥 보듯 술술 외워 동료 유생들은 물론이고 교관(선생님)들까지 혀를 내두를 정도였지요.

하지만 어찌된 영문인지 시험 때만 되면 백지장을 내놓고 달아나기 바빴어요.

박대립은 한숨을 푹 쉬고는 자리에서 일어났어요.

"죄, 죄송합니다. 시, 시험을 볼 수 없습니다······."

"잠깐!"

시관은 달아나려는 박대립의 옷자락을 붙잡았어요.

"오늘은 꼭 시험을 봐야 하네."

"못 합니다. 못 한다니까요."

달아나려 버둥거리는 박대립과 말리는 시관의 몸싸움 한판이 엎치락뒤치락 벌어졌어요.

박대립은 눈물콧물이 뒤범벅된 얼굴로 애원했어요.

"사, 살려 주십시오. 제, 제발 한 번만······."

급기야 시관은 병사들을 불러 박대립을 강제로 주저앉혔어요.

"날 용서하게. 다 자네를 위해서라네."

결국 박대립은 병사들에게 붙잡힌 채 강제로 시험을 볼 수밖에 없었어요.

박대립의 절규가 시험장을 가득 채웠답니다.

잠시 후 시험을 다 치른 박대립이 탈진한 듯 고개를 푹 숙이고 앉아 있었어요.

시험지를 받아 그 자리에서 채점을 한 시관은 흐뭇한 표정을 지었어요.

예상대로였어요. 박대립의 성적은 '대통', 요즘 식으로 말하면 '1등급' 또는 '수(秀)', 그러니까 최고 점수였지요.

"그것 봐! 자넨 잘할 수 있다니까."

시관은 박대립의 어깨를 두드리며 흐뭇하게 웃었어요.

그런데 이게 웬일일까요? 박대립의 어깨가 가늘게 떨리고 있었어요. 훌쩍훌쩍 흐느끼는 소리까지 났어요.

"뭐, 뭐야? 설마 자네 우는 건가?"

박대립의 얼굴은 눈물로 범벅이 되어 있었어요.

"쯧쯧! 사내대장부가 그만 한 일로 울다니. 이만 돌아가도 좋네."
박대립은 시관의 말을 못 들었는지 자리에서 꼼짝도 하지 않았어요.
"자, 어서 일어나게."
"못 일어납니다. 절대……."
"아니 가겠다고 난리를 치더니, 보내 주겠다니까 못 가겠다는 건 또 뭔가?"
"전 못 일어납니다. 죽어도……."
결국 시관은 병사들을 시켜 박대립을 부축해 일으켜 세웠어요.
그런데 이럴 수가!
시험장 안에 있던 모든 사람들은 경악하고 말았어요.
고개를 푹 숙인 채 병사들에게 일으켜 세워진 박대립의 바짓가랑이는 흠뻑 젖어 있었고, 그 아래로 누런 물자국이 길게 흐르고 있었기 때문이에요.
이 사건은 성균관의 전설이 되었답니다.

누구보다 시험을 두려워했던 유리 심장 박대립은 훗날 과거에 당당히 급제해서 이조판서를 거쳐 좌찬성까지 올랐어요. 그는 누구보다도 강직한 성품으로 임금님에게 바른말을 아끼지 않았던 기개 있는 관리로 명성을 떨쳤답니다.

● 성균관 공부법 함께 배워 봐요 ●

1. 반복학습의 원리

성균관의 첫 번째 공부비법은 바로 '반복학습'이랍니다.

실제로 성균관에서는 '일고', '순고', '월고', '연고'라는 네 번의 시험을 통해 반복학습을 했어요. 그러니까 하루, 열흘, 한 달, 일 년 단위로 총 네 번의 반복학습을 했던 거예요.

한 번 봐서는 무슨 말인지 통 몰라도 두 번, 세 번, 네 번 반복하면 누구나 공부의 달인이 될 수 있어요. 반복학습 앞엔 제 아무리 천재라도 당해낼 수 없으니까요.

이러한 성균관 공부비법에는 과학적 원리가 숨어 있는데요. 독일의 저명한 심리학자인 에빙하우스의 연구에 따르면, 우리 뇌에는 IQ와는 상관없이 일정한 망각 주기가 있다고 해요.

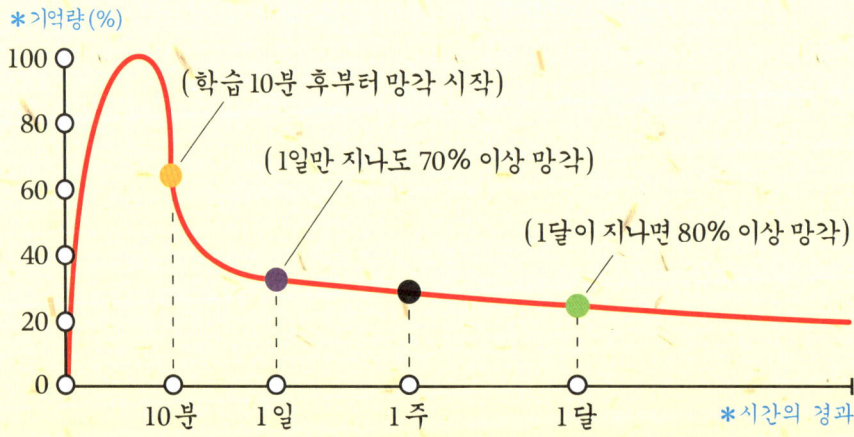

아무리 똑똑한 사람이라도 공부한 내용을 결국에는 서서히 잊어버린답니다. 10분만 지나도 공부한 내용의 절반 가까이를 잊어버리고 하루가 지나면 70% 이상을 잊어버린다고 해요. 하지만 오랫동안 잊어버리지 않는 방법이 딱 하나 있는데, 바로 성균관 공부비법인 '네 번 복습하기'예요.

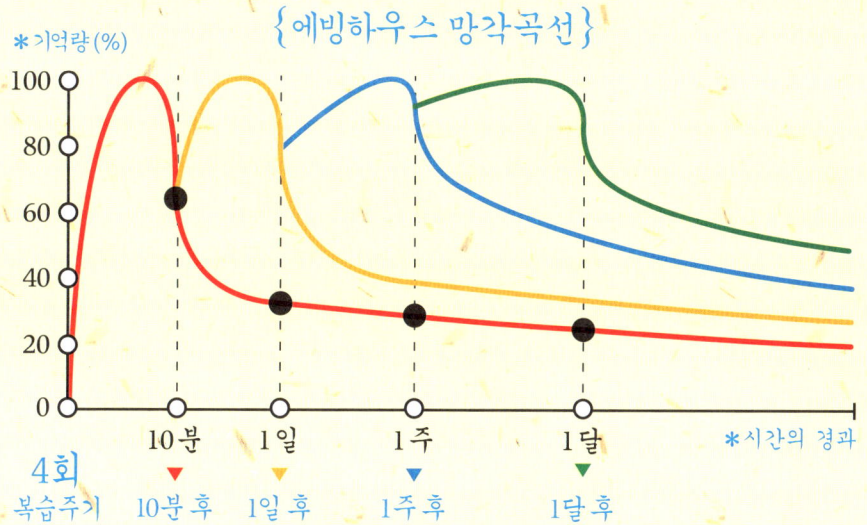

10분 후, 1일 후, 1주일 후, 1달 후 복습을 하면 오래오래 잊어버리지 않는다고 해요.

수업 시간에 배운 내용을 쉬는 시간에 복습하고, 집에 가서 그날 공부한 내용을 복습하고, 일주일 뒤 또 한 달 뒤 이렇게 딱 네 번만 복습을 한다면 일등이 되는 것도 어렵지 않답니다.

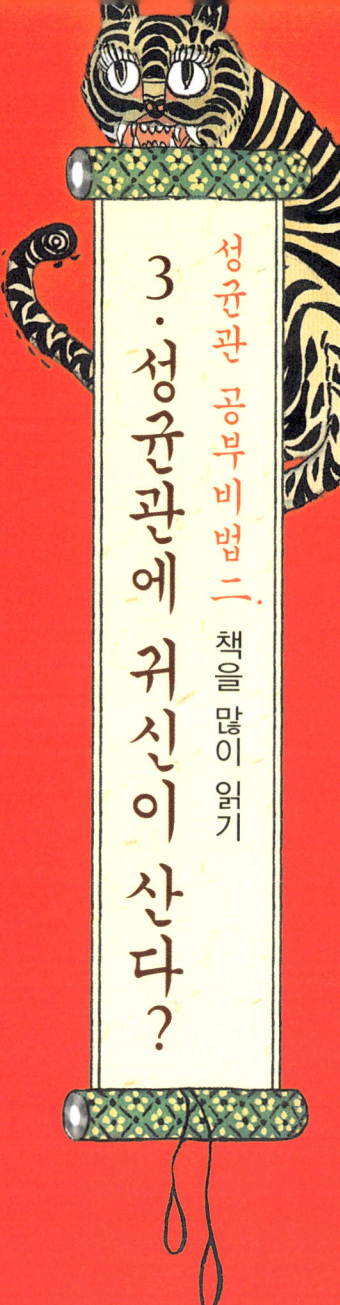

성균관 공부비법二. 책을 많이 읽기

3. 성균관에 귀신이 산다?

책벌레 이 진사

　최 생원은 정 진사와 함께 수업을 마치고 양재(동재, 서재 - 기숙사)로 돌아가는 중이었어요.
　저기 멀리서 키득거리며 떠들고 있는 한 무리의 유생들이 보였어요.
　"이보게, 나는 '안 넘어진다'에 닷 냥을 걸겠네."
　"나는 세 냥."
　"킥킥! 나는 '저 바보 녀석이 벌러덩~ 넘어진다'에 내 전 재산 열 냥을 몽땅 걸겠네."
　"오~! 역시 김 진사 자넨 남자다워."
　"맞아맞아, 김 진사는 남자 중의 남자야."
　몹시 궁금해진 최 생원과 정 진사는 그 무리에 가까이 다가갔어요.
　"이봐, 무슨 일이야?"

최 생원이 그중 한 유생에게 물었어요.

"저기 저 책벌레 녀석 보이나?"

멀리서 책을 읽으며 걸어가고 있는 한 유생이 보였어요.

"저 친구는 이 진사(이덕무)잖아?"

"이 진사 저 녀석은 걸어 다닐 때도 늘 책을 본다네. 우리가 저 녀석을 놀려 주기로 했지."

"놀린다고?"

"저 녀석이 늘 지나는 길목에다 우리가 큰 돌멩이를 하나 갖다 두었다네."

유생 하나가 의기양양한 표정으로 말했어요.

"자네들도 우리랑 어울리고 싶으면 돈을 걸게. 아마 저 녀석이 걸려 넘어진다는 쪽에 거는 게 좋을 거야. 왜냐하면 이 진사 저 녀석은 진~짜 멍청이거든. 크크."

"저런 못된 녀석들! 저렇게 큰 돌부리에 걸려 넘어지면 사람이 다칠 텐데……."

정 진사가 걱정스러운 표정으로 중얼거렸어요.

"저건 너무하군요. 우리라도 말려야 하는 거 아닌가요?"

그때였어요.

"쉿! 온다, 온다."

유생들은 숨을 죽인 채 이 진사의 발만 쳐다보았어요.

5, 4, 3, 2, 1, 땡!

"어이쿠! 아야."

'땡' 소리가 끝나기가 무섭게 이 진사는 그만 돌부리에 걸려 나동그라졌어요.

"으하하하, 내가 뭐랬나? 이 진사 저 녀석은 우리 성균관 공식 바보라니까~! 하하하하! 뭐하고 있나? 어서 열 냥을 내놓으시게."

김 진사가 호탕한 체 웃었어요.

쓰러진 이 진사가 고개를 돌려 김 진사 쪽을 쳐다보았어요.

유생들은 순간 움찔했어요. 이 진사는 성균관 안에서 힘이 세기로 유명했거든요.

"뭐? 뭐? 째, 째려보면 어, 어쩔 건데? 내, 내가 설마 저 책벌레한테 지진 않……겠지."

김 진사가 기어 들어가는 목소리로 말했어요.

"쯧쯧! 저런 못된 녀석들. 이 진사가 아무리 점잖다지만 이번 일은 절대 그냥 넘어가지 않겠군."

정 진사가 혀를 차며 말했어요.

그런데 이게 어찌된 일일까요? 이 진사는 아무 일 없었다는 듯 옷을 툭툭 털고 다시 책을 읽으며 걸어갈 뿐이었어요.

"저것 봐. 이 진사 저 녀석은 바보 멍청이에다가 겁쟁이라니까."

김 진사가 이 진사 등 뒤에다가 대고 고래고래 소리를 질러 댔어요.

성균관에 귀신이 산다?

저기 멀리서 서 생원이 헐레벌떡 뛰어왔어요.

"헥, 헥! 에고, 에고……, 죽겠다. 이보게, 최 생원! 소문 들었나?"

"무슨?"

"존경각(도서관)에 밤마다 귀신이 나타난다네."

서 생원은 얼굴이 하얗게 질려 있었어요.

"이 사람이 더위를 먹었군!"

최 생원이 황당하다는 표정으로 서 생원을 바라보았어요.

"아니야. 밤마다 존경각에서 기괴한 웃음소리가 들린다는 소문이 성균관 내에 쫙 퍼졌네. 직접 봤다는 사람도 있다니까."

"에이, 설마!"

정 진사와 최 생원은 고개를 저었어요. 도저히 믿을 수 없는 이야기였거든요.

"아냐, 서 생원 말이 맞아. 내가 봤어. 내가 두 눈으로 똑똑히 봤다니까."

김 진사였어요.

"내가 어제 새벽에 소변이 마려워서 화장실을 가는데, 존경각에서 괴상한 소리가 들리기에……."

"저, 정말인가?"

모두들 깜짝 놀라 두 눈을 동그랗게 떴어요.

"그래서 존경각에 가 봤는데, 시커먼 귀신이…… 나를 보고 막, 막 웃지 않겠나."

김 진사는 몸을 부르르 떨었어요.

"그, 그래서?"

"내가 비명을 지르며 달아나는데 귀신이 막 웃으며 쫓아오기에, 내 그만……."

"그만?"

모두들 침을 '꼴깍' 삼키며 김 진사의 다음 말을 기다렸어요.
"그만 뭔가?"
"아니 글쎄, 그러니까 내가 그만……."
"이렇게 답답할 수가! 말을 하라니까. 그만 기절이라도 한 건가?"
"아니. 그건 아니고……."
"설마 자네 화장실에서 보려던 볼일을 그곳에서 본 건 아니겠지?"

"……."

최 생원의 물음에 김 진사는 대답을 하지 못했어요.

"그렇다면 우리가 이대로 두고 볼 수는 없는 일 아닌가?"

"우리가 특공대를 조직해서 귀신을 때려잡는 게 어때?"

"옳지! 그게 좋겠네."

유생들은 의기투합했어요.

"이따가 해가 지면 모두 이곳에서 모이기로 하세."

귀신 소탕 작전

"자! 모두 다 모였나?"

정 진사가 주위를 둘러보며 물었어요.

"아직 김 진사가 오지 않았다네."

그때 멀리서 헐레벌떡 뛰어오는 김 진사의 모습이 보였어요.

"아! 저기 오는군."

"이제 모두 모였군. 다들 무기는 가져왔겠지?"

유생들은 몽둥이와 빗자루, 그물, 횃불 등 저마다 준비해 온 무기를 들어 보였어요.

"자, 이제 가세."

유생들은 잔뜩 긴장한 표정으로 존경각을 향해 갔어요.

그때였어요.

"자, 잠깐!"

서 생원이었어요.

"갑자기 배가 아파서……. 자네들 먼저 출발하게. 곧 뒤따라가겠네."

서 생원은 배를 움켜쥐고 잽싸게 돌아가 버렸어요.

"자, 모두들 발소리를 죽이세."

살금살금.

유생들은 조심스레 존경각 입구에 도착했어요.

그때 어디선가 이상한 소리가 들려왔어요.

'겔겔겔, 크크크, 흐흐흐.'

"으~~아!"

유생들은 비명을 지르며 뒤로 자빠져 버렸어요.

"드, 들었지?"

"부, 분명히 들었어. 귀, 귀신 소리."

김 진사가 울 것 같은 표정으로 말했어요.

"저, 저기 마, 말이지. 아, 아까 교관님이 하라고 시킨 일이 있었는데……. 그걸 그만 까, 깜빡해 버렸지 뭐야. 잠깐 다녀올게."

김 진사는 대답도 듣지 않은 채 그대로 줄행랑을 쳐 버렸어요.

"김 진사~, 그 일 혼자선 못 해. 내가 도와줄게."

김 진사를 따라온 유생도 기다렸다는 듯 달아나 버렸어요.

결국 정 진사와 최 생원만 덩그러니 남았어요.

둘은 한참 동안 말없이 그저 멀뚱멀뚱 바라볼 뿐이었어요.

정 진사가 말했어요.

"그, 그래도 가야겠지? 자네가 앞장서게."

"내, 내가요?"

"자네가 횃불을 들고 가다가 이상한 것이 보이면 신호를 보내게. 내가 이 몽둥이로 한 방에……."

최 생원은 마지못해 횃불을 들고 앞장서서 걸었어요.

살곰살곰.

살곰살곰.

"자, 잠깐만요."

최 생원이 속삭이듯 말했어요.

"저~기."

최 생원이 횃불을 들고 비추니 멀리서 검은 물체가 보였어요.

'쿵! 쾅!'

'쿵! 쾅!'

심장 소리가 천둥소리처럼 들렸어요.

횃불이 자꾸만 손에서 미끄러지는 것만 같았어요.

"저, 저거, 귀신 맞지?"

"그, 그런 것 같은데요?"

"좋아! 하나, 둘, 셋 하면 함께 때려잡는 거야. 알았지?"

"네."

최 생원이 고개를 끄덕였어요.

"하나."

"둘."

"셋!"

퍽! 퍽! 퍽!

"으~악~!"

"야~호, 잡았다!"

정 진사가 횃불을 비춰 보니……

존경각 바닥에 이 진사가 피를 흘리며 쓰러져 있었어요.

"아니! 이보게, 이 진사!"

"이 진사, 정신 차리게."

이 진사는 대답이 없었어요.

"설마 죽은 건 아니겠지요?"

최 생원이 걱정스러운 표정으로 물었어요.

"아냐. 숨소리가 들려. 어서 업고 의원으로……."

"쿨럭! 쿨럭, 쿨럭! 으~으. 나, 난 괜찮아."

이 진사는 겨우 정신이 돌아온 듯했어요.

"아니, 자네가 도대체 이 시각에 여기 왜?"

"그, 그게 실은 말야. 읽고 싶은 책이 너무 많아서……."

이 진사가 민망한 듯 머리를 긁적이며 말했어요.

"아니, 그래도 이렇게 밤에 존경각에 몰래 들어오는 건 교칙 위반인 거 모르나?"

"교관한테 걸리면 퇴학이라고."

퇴학이란 말에 이 진사의 표정이 굳어졌어요.

"설마 치사하게 고자질하는 건 아니겠지?"

"글~쎄, 자네 하는 거 봐서."

최 생원이 능청스럽게 말했어요.

"정 진사님, 나 좀 살려 주시오! 이보게, 최 생원! 제발 살려 주게."

이 진사가 무릎을 꿇고 빌었어요. 울음이라도 터뜨릴 기세였어요.

"알았네, 알았어. 비밀을 지켜 주지. 밤이 늦었네. 이만 가세."

정 진사가 이 진사를 달래며 말했어요.

"나는 읽던 책을 마저 읽어야 해서……. 낄낄."

"제발! 제발! 그 괴상한 웃음소리 좀 내지 말라고."

최 생원이 발끈하며 소리를 질렀어요. 저 괴기한 웃음소리 때문에 그동안 가슴 졸인 걸 생각하면 그냥!

"미안! 미안! 이 책이 너무 재미있어서 그만……."

"조용조용히 보게. 사람들에게는 내가 적당히 둘러대 주겠네."

"고마워. 내 다음에 재미있는 책 한턱 쏠게."

"귀신 소문의 범인은 이 진사였군요."

"허허, 그러게. 허무맹랑한 귀신 소문을 믿고 한밤중에 이 소동을 벌이다니."

"하하하! 세상에 귀신이 있을 리가 없지요."

둘은 마주 보며 머쓱한 듯 웃었어요.

최 생원과 정 진사는 존경각 밖으로 나왔어요. 나무 뒤에 숨어 있던 서 생원과 김 진사가 미안한 표정을 지으며 달려왔어요.

"이보게, 미안하네. 갑자기 설사병이 도져서……."

"자네들 벌써 나왔나?
자네들을 도우러 지금 막
들어가려던 참이야."
김 진사가 머쓱한 표정으로
물었어요.
"그래, 귀, 귀신은 잡았는가?"
"세상에 귀신이 어디 있나? 그저
쥐 한 마리가 있기에 잡아 버렸지."
최 생원이 말했어요.

그러자 서 생원이 의기양양하게 외쳤어요.

"그것 봐! 내가 귀신 아니랬지 않나."

"그럼 김 진사는 쥐새끼를 보고 바지에 오줌을 지린 셈이군."

"아니, 누가 오줌을!"

김 진사는 벌컥 화를 냈어요. 하지만 김 진사의 얼굴은 홍당무처럼 빨개졌답니다.

의외의 결과

한 달 후 월시가 있었어요. 월시는 성균관 유생들이 그동안 갈고닦은 학문 실력을 뽐내는 정기 시험이에요. 그러니까 요즘으로 따지면 중간고사쯤 되는 시험이지요.

월시 석차표가 붙자 유생들이 벌떼처럼 우르르 몰려들었어요.

"아! 밀지 마. 밀지 말라고."

"비켜 봐! 나도 좀 보게."

"으아! 내가 꼴찌라니……."

"아싸! 올랐다."

석차표 앞은 전쟁터 같았어요. 유생들은 밀고 당기며 아우성을 쳤어요. 환호성을 지르는 유생도 있었고 성적이 떨어진 어느 유생은 끝내 눈물을 흘리기도 했어요.

그런데 갑자기 유생들이 술렁이기 시작했어요.

"아니! 저게 뭐야?"

"이건 말도 안 돼."

1. **정약용, 이덕무** (우열을 가릴 수 없기에 예외적으로 공동 일등을 인정함.)

2. **허현**

3. **유이재**

......

"아니, 정 진사는 늘 일등이니까 그렇다 치고, 이 진사 저 멍청한 녀석이 어떻게 일등인 거야?"

"이 진사 저 녀석, 원래 나보다도 공부 못하던 녀석인데……."

"커닝한 게 틀림없어."

모두 웅성거리기 시작했어요. 의외의 결과에 모두들 놀라는 것 같았어요. 그도 그럴 것이 지난 번 시험까지만 해도 이 진사의 석차는 거의 바닥이었거든요.

"이 진사, 축하하네."

최 생원이 이 진사에게 축하 인사를 건넸어요.

"아, 아니야. 그냥 운이 좋았지 뭐."

"일등한 기념으로 우리 같이 주막에 가서 맛난 것이라도 사 먹는 게 어때?"

"미안하네. 난 오늘 꼭 읽어야 할 책이 있어서, 이만……."

이 진사는 달아나듯 존경각을 향해 가 버렸어요.

정 진사가 물었어요.

"최 생원, 자네도 이 진사가 커닝을 해서 일등을 했다고 생각하나?"

"글쎄요. 아무튼 성적이 갑자기 부쩍 오른 건 정말 신기한 일이군요."

"아니! 난 당연하다고 생각하네. 이 진사는 독서광이잖아. 그동안 이 진사가 읽었던 책들이 머릿속에 쌓여 성적이 껑충 오른 거지."

모두들 이 진사를 책만 보는 바보라고 놀려 댔지만 진짜 바보는 이 진사를 놀려 댄 유생들이었어요. 아직도 그들은 이 진사의 성적이 부쩍 오른 이유를 까맣게 모르고 있으니까요. ✽

앗! 성균관 유생들도

성균관 귀신 소동

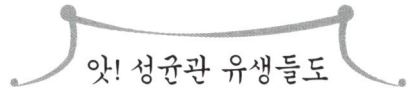

여러분이 다니는 학교에는 혹시 귀신 전설이 있나요?
오래된 학교에는 귀신 전설이 하나쯤 있기 마련이지요.
밤마다 귀신 소리가 들린다는 둥 20년 전 왕따를 당해 죽은 여학생이 돌아다닌다는 둥 말도 안 되는 소리란 걸 뻔히 알면서도 괜히 오싹해지지요.

그러니 500년 역사를 가진 성균관에 귀신 전설 하나쯤 없을 리 없겠지요?

한번 들어 볼래요?

성균관 서재(서쪽 기숙사) 네 번째 방. 죽을 사(死) 자와 소리가 같아서 그럴까요? 유독 이 방에서 많은 유생들이 죽어 나갔고, 그래서 성균관 유생들 사이에서 귀신이 잘 나오는 명당으로 소문이 난 방이었어요. 때문에 이 방이 걸리면 유생들은 울상이 되곤 했지요.

바로 이 방에서 있었던 일이랍니다.

1579년(선조 12년) 6월 14일, 그날따라 주룩주룩 비가 오고 구름도 잔뜩 끼어 주변이 어둑어둑했어요. 바람까지 불어 을씨년스러운 날이었지요.

 진사 이철광은 일찌감치 자리에 누웠어요. 넓은 방에 혼자 누워 있으려니 무서운 생각도 들었지만 이내 잠이 들고 말았어요.

 잠시 후 이철광은 갑자기 오싹한 기분이 들어 눈을 떴어요. 그런데 웬 유생 한 사람이 자신을 가만히 바라보고 있는 게 아니겠어요?

 이철광은 깜짝 놀라 물었어요.

"누, 누구요?"

"나는 장언구라고 하네. 내일 성균관에 잔치가 있을 거야. 맛난 개고기하고 소주하고 잔뜩 차려서……."

"아! 그래요?"

올해 입학한 이철광은 모르는 이야기였어요.

"나도 먹고 싶다, 나도 먹고 싶다……."

"네?"

이철광은 멍하니 그 유생을 바라보았어요.

 그런데 참 이상하지요. 이 사람은 말을 할 때 입술을 조금도 움직이지 않고 말소리를 냈어요.

"나. 도. 먹. 고. 싶. 다. 고……."

그 유생은 이철광을 무섭게 노려보며 말했어요.

섬뜩해진 이철광이 눈을 번쩍 뜨자 그 유생은 어느새 사라지고 빈 천장만 보였어요.

"헉, 헉……."

이철광의 온몸은 식은땀으로 범벅이 되어 있었어요.

불을 켜자 그사이 돌아온 선배가 쿨쿨 자고 있었어요.

이철광은 선배를 흔들어 깨웠어요.

"선배님, 잠깐 일어나 보세요. 얼른요."

"아! 왜?"

단잠을 자다가 깬 선배가 짜증스럽게 대꾸했어요.

"혹시 내일 성균관에 잔치가 있습니까?"

"잔치? 그래, 매년 이맘때가 되면 나라에서 보양식을 차려 준다네. 개고기와 소주를 맘껏 먹을 수 있지."

이철광은 섬뜩한 기분이 들어 마른침을 꿀꺽 삼켰어요.

"혹시…… 성균관 유생 중에 장언구라는 사람이 있습니까?"

선배는 잠이 확 달아난 듯 자리에서 벌떡 일어나서 되물었어요.

"아니, 자네가 그 사람을 어떻게 아나? 그 사람은 자네가 입학하기도 전에 죽었는데……."

"네~에?"

"작년 이맘때였어. 그때도 먹을 게 잔뜩 차려졌지. 그런데 장언구 그 친구가 걸신이 들렸는지 마구 먹어 대더니 그게 잘못되어 그만……. 좀 찜찜한 이야기지만 바로 이 방에서 벌어진 일이야. 내 방 친구였거든."

이야기를 듣고 숙연해진 이철광은 다음 날 자기 몫의 술과 고기를 먹지 않고 따로 챙겨다가 방에 상을 차려 두었어요.

같은 방을 쓰는 귀신에게 술과 고기를 바친 것이지요.

이철광의 정성에 감사했기 때문일까요?
그 후 귀신은 더 이상 이철광을 찾아오지 않았답니다.
이 밖에도 성균관 서재 네 번째 방에 얽힌 귀신 이야기는 더 있지만
너무 무섭고 끔찍한 나머지 19금이라 여러분에게
알려 주지 않을게요.

• 성균관 공부법 함께 배워 봐요 •

2. 독서와 공부의 관계

성균관의 두 번째 공부비법은 바로 '책을 많이 읽기'랍니다.
너무 시시하다고요? 아니에요. 절대 그렇지 않아요.
실제로 성균관에서 훌륭한 학자가 된 인물들은 모두 독서광이었어요.

'동방 유학의 성인'으로 불리는 조선 시대 최고의 학자 퇴계 이황 선생은 제자들에게 독서의 중요성을 늘 강조했답니다.
"책을 읽을 때 어찌 장소를 가리랴."라는 말씀을 남길 정도였지요.

성균관에서만 독서의 중요성을 강조한 것은 아니었어요.
미국의 일류 대학인 시카고 대학에는 독서에 대한 재미난 일화가 있답니다.
원래 시카고 대학은 일류 대학이 아니었어요. 아니, 꼴찌 대학으로 유명했지요. 시카고에 사는 사람들도 시카고 대학에 가는 것을 수치로 생각할 정도였으니까요.
이를 보다 못한 시카고 대학 총장 허친스 박사는 한 가지 묘안을 생각해 냈어요. 그리고 다음과 같이 선포했지요.
"이제부터 고전 100권을 읽지 않은 학생은 졸업을 시키지 않겠습니다."
학생들의 불만은 하늘을 찌를 정도였지요. 하지만 총장의 단호한 태도에 학생들은 울며 겨자 먹기로 책을 열심히 읽었어요.
그런데 믿을 수 없는 일이 벌어졌어요.
학생들이 하나 둘 변하기 시작한 거예요. 열등생인 학생들이 졸업 후 훌륭한 학자로, 위대한 예술가로, 성공한 사업가로 변신한 것이었지요.

그러자 학교의 위상도 올라가기 시작했어요. 만년 꼴찌 대학이던 시카고 대학이 미국 5위, 세계 8위의 세계적인 일류 대학이 되었답니다. 뿐만 아니라 졸업생 중 무려 87명이 노벨상을 수상했어요. '노벨상을 받고 싶으면 시카고 대학으로 가라'라는 말까지 생길 정도였지요.

책 읽기가 당장 성적을 올려 주는 것은 아닐지도 몰라요. 하지만 독서를 통해 생각을 깊게 하는 방법을 익힌다면, 공부를 잘하는 것은 그리 어려운 일이 아니랍니다.

성균관 공부비법 三.
친구와 함께 공부하기

4. 명품이 좋아?

황 진사 납시오

"훠~이, 물렀거라."

"훠~이, 저리 물렀거라."

가마꾼들의 고함과 함께 가마 한 대가 성균관 정문 앞에 멈춰 섰어요. 한눈에 봐도 귀한 신분이 아니면 절대 탈 수 없는 화려한 가마였어요.

"아니, 저 가마는?"

"앗, 저 가마는 조선에 다섯 대밖에 없다는 그……."

"벼락 맞은 오동나무로 만들었다는 그 명품 중의 명품 가마가 아닌가?"

"맞아! 그 말로만 듣던 바로 그……."

유생들은 말로만 듣던 명품 가마를 구경하기 위해 정문으로 우르르 몰려들었어요.

"도대체 누구의 행차이기에……."

"저 가마를 탈 수 있는 사람은 조선에서 임금님과 중전마마 그리고 삼정승밖에 없어."

"그렇다면 설마……."

유생들은 가마를 둘러싸고 웅성거렸어요.

최 생원과 정 진사도 유생들 틈에서 가마를 구경하고 있었어요.

"오~! 머, 멋지다. 나도 저런 가마 한번 타 봤으면……."

최 생원이 넋이 나간 표정으로 중얼거렸어요.

이윽고 가마가 멈추고, 가마에 탄 사람이 내리기 위해 다리를 가마 밖으로 쭉 뻗었어요.

"정승이 아닐까?"

"어쩌면 상감마마일지도 모르겠는걸."

유생들은 두근거리는 마음으로 가마에 탄 이가 내리기를 기다리고 있었어요.

"엥?"

"아니, 이럴 수가?"

이게 어찌된 일일까요? 가마에서 내린 이는 상감마마도 정승도 아니었어요.

가마에서 내린 이는 최 생원 또래의 학생이었어요.

차림새로 보아 하니 성균관 유생이 틀림없어 보였어요.

유생들이 웅성거렸어요.

"저치는 누구기에 성균관에 저런 최고급 가마를 타고 온 거지?"

"이번에 영의정에 오른 황 정승의 외동아들 황 진사 아닌가?"

"이번에 장의(학생회장)에도 출마한다지."

"저 사람에게 잘 보이지 않으면 성균관 생활이 어려워질 거라던데."

"교관(교사)들과 대사성(교장)도 저 사람 앞에서는 쩔쩔 맨다네."

유생들이 우르르 몰려가 저마다 황 진사에게 친한 척을 했어요.

"축하하네! 자네 아버님께서 이번에 정승으로 진급하셨다지."

"이 청금(교복)은 명나라에서 수입한 명품 비단으로 지은 옷이군. 자네 품격에 딱이네그려."

모두들 어떻게든 황 진사의 눈에 들기 위해 안간힘을 쓰는 모습이 꼴불견이었어요.

이런 눈꼴사나운 장면을 그냥 봐 넘길 최 생원이 아니지요.

최 생원은 들으라는 듯 짐짓 큰 소리로 말했어요.

"쳇! 자기 아버지가 정승이면 정승이지 학교에 가마를 타고 오는 건 또 뭐람."

그 말을 들은 황 진사가 불쾌한 표정으로 최 생원을 쳐다보았어요.

"저 친군 누구야?"

"아! 신경 쓰지 말게. 저 녀석은 최항이라는 생원 놈인데, 집안도 별 볼 일 없고 별거 아냐. 정약용과 어울려 다니는데 성적 좀 올랐다고 까불대는 모양이야."

"음, 그래? 조만간 손 좀 봐줘야겠군."

최 생원을 노려보는 황 진사의 눈빛이 심상치 않았어요.

달걀로 바위 치기

　밥 먹을 때도 똥 쌀 때도 항상 책을 읽는 책벌레 이 진사는 오늘도 공자왈 맹자왈 책을 읽으며 걸어가고 있었어요.
　"어이쿠!"
　책에 정신이 팔린 이 진사가 미처 앞을 보지 못해 황 진사와 부딪치고 말았어요.
　"어어, 미, 미안하네. 다, 다치진 않았나?"
　이 진사가 급히 사과를 하며 황 진사를 일으켜 세웠어요.
　그런데 이 일을 어쩌죠?
　황 진사의 명품 옷이 찢어지고 말았어요.
　"이, 이런 멍청한 놈 같으니라고. 옷이 찢어졌잖아!"
　"미, 미안하네."
　"이 옷이 얼마짜리인줄 알아? 자그마치 삼백 냥이나 하는 옷이라고."
　"사, 삼백 냥!"
　이 진사는 입을 다물 줄 몰랐어요.
　"내일까지 옷값을 물어내지 않으면 네놈을 관가에 고발해 버릴 테니 그리 알아!"

"요, 용서해 주게."

이 진사는 무릎을 꿇고는 황 진사의 다리를 붙잡고 용서를 빌었어요.

"저리 비키지 못해."

황 진사는 이 진사를 뻥 차 버렸어요.

"어이쿠!"

이 진사는 저만치 나동그라졌어요.

"엉엉! 내가 무슨 수로 삼백 냥을 마련한단 말인가? 살려 주게. 제발 살려 주게."

이 진사는 쓰러진 채 울부짖을 뿐이었어요.

"이 일을 어떡하면 좋단 말인가?"

정 진사가 한숨을 쉬며 말했어요.

"황 진사를 찾아가 정식으로 용서를 빌어 보는 게 어떨까?"

서 생원이 말했어요.

"황 진사 그 녀석이 용서해 줄 리 없지."

"휴~."

모두들 머리를 맞대고 의논해 보았지만 뾰족한 수가 없었어요.

삼백 냥은 유생 신분으로는 마련할 수 없는 큰돈이었거든요.

"내가 황 진사를 만나 보겠어."

최 생원이 자리에서 벌떡 일어났어요.

"만나서 어쩌려고?"

"이렇게 앉아 걱정만 한다고 해결될 일이 아니지 않은가?"

"우리도 같이 가세."

정 진사와 이 진사도 최 생원을 따라 나섰어요.

"이보게, 황 진사. 안에 있는가?"

최 생원이 황 진사의 방문을 두드렸어요.

"뭐야? 네놈은 최 생원!"

"자네, 나랑 내기 한판 하지 않겠나?"

"내기?"

"내가 만약 다음 월시에서 자네를 이기면 이번 일을 없던 걸로 해 주게. 그리고 이 진사에게 사과하게."

"흥! 내가 이기면?"

"내가 이곳 성균관을 나가겠네."

"호~오! 이거 구미가 당기는걸. 하지만 네놈 하나로는 안 돼. 정 진사 저놈도 같이 나간다면 내기에 응하지."

"뭐? 비겁한 소리 하지 마. 이건 자네와 나의 내기야. 정 진사와는 상관없다고."

최 생원이 당황해서 말했어요.

"좋아! 그 조건 받아들이겠네."

옆에 있던 정 진사가 말했어요.

"정 진사님! 안 돼요. 저 녀석은 저보다 훨씬 공부를 잘해요. 잘못하다간 정 진사님까지 쫓겨날지도 모른다고요."

황 진사는 성균관에서 손꼽히는 우등생이었어요. 언제나 성균관에서 20등 안에 들었어요. 방과 후 족집게 선생님에게 개인 과외를 받았거든요.

하지만 최 생원의 성적은 50등 안에도 못 들었어요.

처음부터 최 생원에게는 승산이 없었어요. 달걀로 바위 치기나 다름없는 내기였지요.

"엉엉, 그만둬! 나 때문에 자네들이 성균관을 나가서는 안 돼.

내가 나가겠네. 엉엉, 다 내 잘못이니까. 엉엉!"

이 진사가 울며 둘을 말렸어요.

"아! 서로를 위하는 아름다운 우정. 눈물이 앞을 가리는구먼. 그래서 할 건가, 말 건가?"

황 진사가 짜증난다는 듯 비아냥거렸어요.

"하겠네."

망설이는 최 생원 대신 정 진사가 말했어요.

"좋아! 약속했어. 나중에 징징거리지나 말게."

운명을 건 한판 승부

 최 생원과 황 진사가 시험으로 시합을 한다는 소문은 삽시간에 성균관 전체에 퍼졌어요.
 유생들은 두 패로 갈렸어요.
 이번 기회에 황 진사에게 점수를 따 두려는 무리와 최 생원을 진심으로 응원하는 무리였어요.
 친구들이 걱정스러운 듯 최 생원에게 물었어요.

"도대체 어쩔 셈으로 그런 내기를 한 건가?"

"이번에 황 진사 놈이 단단히 벼르고 있는 모양이야. 시험관까지 매수했다는 소문이 있어."

"휴~, 어떡하지?"

최 생원은 부담 백배가 되었어요.

호기롭게 내기를 걸긴 걸었는데 솔직히 황 진사를 이길 자신이 없었거든요.

게다가 어쩌면 자신 때문에 정 진사까지 성균관에서 쫓겨날지도 모른다는 생각을 하면…….

"지금이라도 내기를 물린다고 할까?"

하지만 그럴 수는 없었어요. 이미 성균관 내에 모르는 사람이 없을 정도로 소문이 퍼졌거든요. 이제 와서 취소한다고 했다간 두고두고 놀림감이 될 게 분명해요.

"후유, 뭔가 방법이 없을까? 방법이…….'

"무슨 방법이 있겠나? 그저 열심히 공부하는 수밖에."

정 진사가 최 생원의 어깨를 두드리며 말했어요.

"너무 걱정 말게. 시험까지 아직 한 달이나 남았어. 못 할 것도 없지. 난 자네를 믿네."

다른 친구들도 최 생원을 응원했어요.

"그래, 자네가 누군가? 천하무적 최 생원이 아닌가? 자넨 할 수 있어."

"만약 자네가 황 진사에게 져서 성균관에서 쫓겨난다면 이까짓 성균관 나도 나가 버리겠네."

"나도."

"나도 나가겠어."

"최 생원 자네의 어깨에 우리 운명도 걸려 있네. 그러니 우리를 봐서라도 반드시 황 진사 놈을 이겨 주게."

최 생원은 친구들의 진심 어린 응원이 너무나 고마웠어요.

"좋아! 한번 해 보겠어."

그날부터 최 생원은 열공 모드에 돌입했어요.

밥 먹고 화장실 가는 시간만 빼고 하루 종일 공부에 전념했어요.

그것도 모자라 밤에는 호롱불을 켜 놓고 잠을 쫓아 가며 공부를 했지요.

친구들은 그런 최 생원을 응원했어요.

정 진사는 최 생원을 위해 특별 개인 지도를 해 주었고, 다른 친구들은 돌아가며 최 생원과 함께 밤을 새 주었답니다.

최 생원의 열공 소문은 성균관을 돌고 돌아 황 진사의 귀에까지 들어갔어요.

"흥, 최 생원 녀석! 내가 네놈에게 질 수야 없지."

황 진사는 족집게 과외 선생님을 두 명으로 늘렸어요. 뿐만 아니라 성균관 졸업생들에게 술을 사 주고 전년도 기출 문제도 받았어요. 그렇다고 황 진사가 꼼수만 쓴 건 아니었어요. 황 진사도 밤늦게까지 열심히 공부했답니다. 남에게 지고는 못 견디는 성격이니까요.

"이봐, 최 생원. 황 진사 방에 드디어 불이 꺼졌네."

"좋아! 난 지금부터 두 시간 더 공부하겠어."

친구들은 황 진사 방을 엿보다가 황 진사가 잠자리에 들면 최 생원에게 알려 주었어요. 그러면 최 생원은 황 진사보다 두 시간을 더 공부하고 잠자리에 들었답니다.

황 진사를 이기려면 황 진사보다 더 많이 공부하는 수밖에 없으니까요.

그런 최 생원에게 가장 아쉬운 것은 바로 호롱불을 밝히는 기름이었어요.

성균관에서 나눠 주는 기름으로는 턱없이 부족했거든요. 친구들이 십시일반 기름을 모아 최 생원에게 가져다주었지만 그것마저 몽땅 떨어져 버렸어요.

"허허, 이거 큰일이군!"

함께 공부하던 정 진사가 걱정스러운 표정으로 말했어요.

한참 열심히 공부하고 있는데 호롱불이 꺼져 버렸지 뭐예요.

"오늘은 이만 공부하고 자는 수밖에 없겠어."

"그럴 순 없어요. 아직 황 진사 녀석이 공부를 하고 있단 말이에요."

최 생원은 책을 들고 밖으로 나갔어요.

달빛에 비춰 책을 볼 생각이었어요.

하지만 어림없었지요. 하필이면 그날이 그믐달 밤이었거든요.

"이를 어쩐담."

최 생원은 울상이 되었어요.

"가만! 내게 좋은 생각이 있네."

한참 고민을 하던 정 진사가 무릎을 탁 치며 말했어요.

"잠깐 어디 좀 다녀오겠네."

"정 진사님, 어디 가세요?"

정 진사는 대답 없이 어디론가 사라져 버렸어요.

얼마나 지났을까? 사라졌던 정 진사가 어깨에 자루를 하나 메고 돌아왔어요.
"자! 이제 아무 걱정 말고 마음껏 공부하시게."
자루를 풀자 자루 안에서 반짝이는 불빛이 흘러나왔어요.
반딧불이였어요. 수백 마리는 되어 보였어요.
"와~, 예쁘다."
"내가 요 앞 강가에서 잡아 왔지. 이 정도면 글을 읽는 데 문제없을 걸세."
반딧불이는 떼 지어 최 생원 방을 날아다녔어요.
반짝반짝 빛나는 반딧불이는 마치 밤하늘의 은하수처럼 보였어요.
최 생원이 책을 펼치자 반딧불이가 최 생원 주위로 몰려들었어요. 덕분에 주위가 밝아져서 글이 아주 잘 보였답니다. 반딧불이도 최 생원을 응원하나 봐요.
"반딧불이야, 고마워."

최 생원은 더욱더 열심히 글을 읽었어요.

"공자왈! 맹자왈! 왈왈!"

최 생원의 글 읽는 소리가 성균관의 밤을 가득 채웠어요.

결전의 날

드디어 한 달이 지나고 시험 날이 되었어요.

최 생원은 담담한 모습으로 시험장에 입장했어요.

오히려 긴장한 쪽은 최 생원의 친구들이었어요.

"드디어 결전의 날이군. 아~, 이거 내가 다 떨리는걸."

"어떡해. 난 아까부터 계속 찔끔찔끔 오줌이 마렵다고. 벌써 화장실을 열 번이나 갔다 왔다네."

"최 생원이 지면 어떡하지? 진짜 성균관에서 쫓겨나는 거야?"

"이놈의 입방정. 최 생원이 무조건 이길 거야. 그동안 얼마나 열심히 공부했는데!"

최 생원은 시험장에서 황 진사를 만났어요.

"아이고~! 이게 누군가? 최 생원이 아닌가? 물론 짐은 다 싸

났겠지?"

"저, 저 녀석이!"

친구들은 화가 나서 펄펄 뛰었어요.

하지만 최 생원은 대꾸조차 하지 않았어요.

시험을 앞두고 쓸데없는 일에 힘을 낭비하고 싶지 않았거든요.

그러자 약이 오른 건 오히려 황 진사 쪽이었어요.

"감히 내 말을 무시해? 반드시 후회하도록 해 줄 테다!"

최 생원은 어느 때보다 차분하게 시험을 치렀어요.

최선을 다했기 때문이었을까요? 최 생원은 시험이 조금도 두렵지 않았답니다.

월시 결과 발표 날.

석차표가 붙자 한바탕 전쟁이 벌어졌어요.

"누가 이겼어?"

"황 진사가 이겼을 거야."

"무슨 소리! 최 생원이 이겼을 게 분명해."

유생들은 자신들의 성적보다 최 생원과 황 진사의 대결에 더 관심이 많은 것 같았어요.

최 생원과 친구들도 성적을 확인하기 위해 유생들 틈을 비집고 들어갔어요.

앗! 이럴 수가?

최 생원과 친구들은 모두 입을 다물 줄을 몰랐어요.

1. 정약용

……

……

7. 최항

8. 황희정

몇 번이고 눈을 씻고 다시 봐도 틀림없었어요. 지난 번 시험에서 50등이었던 최 생원이 겨우 한 달 만에 석차가 43계단이나 뛰어올랐지 뭐예요?

"만세~! 만세~!"

"최 생원이 이겼다!"

"만세~! 최 생원, 만세~! 만만세!"

유생들은 모두 만세를 외쳤어요.

만세를 외치지 않는 단 한 사람, 바로 황 진사였어요.

"쳇!"

황 진사는 한쪽 구석에서 똥 씹은 표정으로 이들을 바라보고 있었어요.

모두가 승자

다음 날 아침.

"헥, 헥. 이봐, 같이 가~. 헥, 헥."

누군가 뒤에서 최 생원 일행을 불렀어요.

"헥, 헥. 같이 가세."

"앗! 자네는?"

모두들 깜짝 놀랐어요. 숨을 헐떡이며 뛰어오는 이는 다름 아닌 황 진사였거든요.

"아이~고! 헥, 헥. 집이 멀어서 뛰어오려니 힘드네."

"명품 가마는 어디에 두고 뛰어오는 건가?"

"가마라니? 학생 신분에 가마를 타고 학교에 오다니, 말이 되나? 하하하."

모두들 '이 녀석이 뭘 잘못 먹었나?' 하는 표정으로 황 진사를 바라보았어요.

"너무 그렇게들 보지 마시게. 나 정말 반성 많이 했네."

그러고 보니까 황 진사는 청금도 명품이 아닌 검소한 것으로 입고 있었어요.

"그동안 내가 잘못했네. 이 진사, 미안하네. 사과를 받아 주게."

황 진사는 몇 번이고 허리를 숙여 사과했어요.

황 진사의 태도에서 진심이 느껴졌어요.

황 진사 이 녀석, 야비한 녀석인 줄 알았는데 제법 남자다운 구석이 있었네요.

"아, 아냐. 친구끼리 사과는 무슨……. 그만 하시게."

너무 공손한 사과에 오히려 이 진사가 민망해졌어요.

"그럼 사과를 받아 준 걸로 알겠네. 자! 시험도 끝났으니 다들 주막으로 가세."

"아, 나, 난 읽어야 할 책이 있어서……. 미안하네."

이 진사는 존경각으로 달아나 버렸어요. 읽고 싶은 책이 너무 많아 견딜 수 없었거든요.

"참! 못 말리는 친구로군. 우리끼리라도 가세."

언제나 그렇듯 반촌(성균관 대학로) 곳곳에서는 맛난 것을 잔뜩 팔고 있었어요.

콩죽, 팥죽, 인절미는 물론이고 닭꼬치와 고기 산적은 또 얼마나 맛있다고요. 막 구운 바삭바삭한 부침개에 시원한 식혜 한 사발, 캬아! 유생들은 군침이 절로 돌았어요. 하지만 유생들의 주머니

사정이야 다들 뻔하지요.

"꿀꺽! 으~, 맛있겠다. 저걸 몽땅 먹어 봤으면 죽어도 원이 없겠네."

"쩝쩝, 그러게 말일세. 이 다음에 과거에 붙어 출세하면 저걸 다 사 먹고 말 테야. 꿀꺽!"

"하하하, 오늘은 내가 쏠 테니 맘껏 먹게."

황 진사가 껄껄 웃으며 호기롭게 말했어요.

"아니, 자네가 왜? 성적이 오른 최 생원이 쏴야지."

"맞아. 성적이 왕창 올랐으니 왕창 쏴야지."

'아이고!'

순간 최 생원의 얼굴이 백지장처럼 하얘졌어요.

그러자 황 진사가 머리를 긁적이며 부끄러운 듯 말했어요.

"시, 실은 나도 성적이 많이 올랐다네. 최 생원에게 절대 지고 싶지 않아서 정말 열심히 공부했거든. 지난번 18등에서 이번에 8등이니 10계단이나 오른 셈이지. 다 최 생원 덕분이야. 최 생원, 정말 고마우이."

오늘은 정말 기쁜 날이에요. 라이벌인 두 사람 모두 성적이 올랐으니까요.

"먹어라~, 마셔라~, 막 시켜라~!"

유생들은 황 진사 덕분에 원 없이 포식을 할 수 있었답니다. ✽

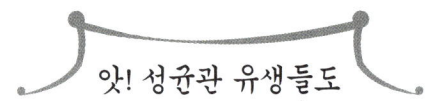

앗! 성균관 유생들도
성균관 패션왕

여러분은 멋진 옷을 좋아하나요?

남들과 똑같은 옷을 입는 것보다 톡톡 튀는 개성만점 옷을 입는 멋쟁이가 되고 싶나요?

예나 지금이나 좋은 옷을 입고 멋을 부리고 싶은 학생들의 마음은 다 똑같았나 봐요.

성균관 유생들도 마찬가지였답니다.

성균관에서 유생들이 입는 옷은 청금이라고 불렸어요.

요즘으로 따지면 교복인 셈이지요.

그런데 유생들은 청금을 너무너무 싫어했다고 해요.

청금이 행정 잡일을 하는 하급 관리인 서리의 옷과 모양이 비슷하다는 이유였어요. 한마디로 촌스럽다는 말이지요.

유생들은 성균관 내에서는 어쩔 수 없이 청금을 입었지만, 수업이 끝나기가 무섭게 알록달록한 사복으로 갈아입었답니다. 게다가 돈 많은 집 유생들은 청금을 고급 비단으로 맞춰 입고

삽혜나 목화 같은 값비싼 가죽신에, 명나라에서 수입한 담비 가죽 모자를 쓰고 온갖 장신구를 치렁치렁 달고 다닐 정도였지요.

이를 본 임금님(성종)은 크게 화가 나서 대사성을 불러다가 혼을 냈어요.

"아니, 도대체 유생들이 왜 청금을 입기 싫어한단 말이오?"

"실은 그게……."

대사성은 얼굴이 벌게진 채 대답을 하지 못하고 우물쭈물했어요.

"그게, 청금이 멋이 없다 하여……."

그 말을 들은 임금님은 화가 머리끝까지 치밀었어요.

"아니 유생이 청금 입는 걸 부끄러워하다니! 그러고도 그들이 이 나라의 유생이란 말이더냐. 앞으로 청금을 입지 않는 자는 엄벌에

청금을 입지 않는

처하겠노라!"

　임금님의 엄명에 따라 나라에서는 대대적으로 유생들의 옷차림을 감찰했어요.

　화려하게 차려입은 유생들은 성균관에서 퇴학시켰어요. 뿐만 아니라 평생 과거에 응시하지 못하게 했지요. 유생들에게는 정말 무시무시한 벌이었답니다.

　하지만 멋쟁이의 본능은 임금님도 어찌 할 수 없었던 걸까요?

　아무리 엄한 벌을 내려도 유생들의 옷차림은 별반 달라지지 않았답니다.

결국 먼저 두 손을 든 건 임금님이었어요.
"그래, 좋다. 성균관 밖에선 유건(학생 모자)은 안 써도 좋다. 대신 청금은 꼭 입도록 하라."
명령이 아니라 부탁이나 다름없었지요.
하지만 임금님의 간곡한 부탁도 소용없었어요. 이후로도 계속 청금의 착용은 좀처럼 지켜지지 않았으니까요.

항상 단정한 옷차림과 경건한 몸가짐으로 많은 이들의 모범이 되었을 것 같은 성균관 유생들도 사실 여러분과 다르지 않았답니다.
멋진 옷을 입고 자신만의 개성을 살리고 싶은 학생들과 단정하게 통일시켜 입히고 싶은 어른들의 싸움은, 어쩌면 앞으로도 영원히 끝나지 않을지도 몰라요.

• 성균관 공부법 함께 배워 봐요 •

3. 동료 학습 효과 (peer effect)

성균관의 세 번째 공부비법은 바로 '함께 공부하기'예요.

성균관에서는 동료 유생들끼리 모여 함께 토론하며 공부했어요. 책 읽고 강경하기(교훈 말하기), 공부한 것을 제술하기(서술) 등 서로 묻고 답하기를 통해 실력을 쌓았답니다.

함께 공부하는 것이 혼자 공부하는 것보다 훨씬 능률적이라는 것을 지혜로운 우리 선조들은 알고 있었기 때문이에요.

나보다 공부를 못하는 친구에게 내가 아는 것을 가르쳐 주면 내 머릿속에서도 저절로 정리가 되지요. 또 나보다 공부를 잘하는 친구에게 내가 잘 모르는 것을 물어보는 것도 공부에 도움이 된답니다.

실력이 비슷하다면 누가누가 더욱 열심히 공부하는지 선의의 경쟁을 하는 것도 좋겠지요.

이러한 지혜로운 선조들의 공부법은 과학적으로도 증명이 되었어요.

나와 서로 다른 과목을 잘하는 친구와 함께 공부하면 더욱 효과적이랍니다.

예를 들면 나는 국어를 잘하지만 수학을 못한다면 수학을 잘하지만 국어를 못하는 친구와 함께 공부하는 거예요. 그럼 내가 못하는 과목의 성적이 부쩍 오르지요.

이것을 '**학습능력에서의 또래 효과**'라고 해요.

방에서 혼자 공부하는 것도 좋지만 가끔은 마음 맞는 친구와 어울려 함께 공부하는 것도 공부를 잘할 수 있는 좋은 방법이에요.

하지만 친구와 모여 공부는 하지 않고 딴 짓(?)만 한다면 절대 안 되겠죠?
성균관 유생들의 공부비법 '친구와 함께 공부하기'. 오늘부터 실천해 볼까요?

성균관 공부비법 四. 요약 정리하기

5. 부채신공의 비밀

달콤한 유혹

"후유~."

최 생원은 책을 펴 놓고 한숨만 푹푹 쉬어 댔어요.

"이 사람! 땅이 꺼지겠구먼."

함께 공부하던 정 진사가 말했어요.

"에~휴~. 후우우~."

"최 생원, 자네 무슨 고민이라도 있나?"

"내일모레가 시험이잖아요. 후~."

최 생원은 또 한숨을 내쉬었어요.

언제나 천하태평인 최 생원이지만 시험을 앞두고 걱정이 되는 건 어쩔 수 없나 봐요.

"하하하, 난 또 뭐라고. 그까짓 시험이 뭐 그리 대수라고 사나이

대장부가 한숨인가?"

정 진사가 빙글빙글 웃으며 말했어요.

최 생원은 정 진사를 째려보았어요.

사람 좋은 정 진사지만 가끔은 정말 재수 없게 굴 때가 있거든요.

'칫! 자기는 공부를 잘하니까 걱정 없다 이거지?'

풀 죽은 최 생원의 모습을 안타깝게 지켜보던 정 진사가 말했어요.

"이보게, 최 생원! 공부를 하지 않아도 시험을 잘 볼 수 있는 비법이 하나 있긴 한데……."

"에~이, 세상에 그런 게 어디 있어요."

최 생원은 정 진사와 말도 하기 싫다는 듯 돌아 앉아 버렸어요. 이럴 땐 상대하지 않는 게 상책이에요. 또 놀려 먹으려는 속셈이 분명하니까요.

두리번거리며 주위를 살피던 정 진사가 속삭이듯 말했어요.

"최 생원, 귀 좀 가까이."

정 진사가 최 생원의 귀에 대고 무언가 속삭였어요.

"속닥속닥……."

"네에? 뭐라고요?"

최 생원은 순간 귀를 의심했어요. 정 진사가 드디어

미쳤나 봐요. 맙소사! 그런 짓을 했다간 꼼짝없이 퇴학을 당할 거예요. 아니, 어쩌면 관아에 끌려가 곤장을 맞을지도 몰라요.

"뭘 그리 놀라나? 실은 내가 그동안 성균관에서 한 번도 일등을 놓치지 않은 건 바로 이 비법 때문이야."

정 진사는 아무렇지도 않은 표정으로 말했어요.

"어때? 자네도 한번 해 보지 않을 텐가?"

"아, 아무리 그, 그래도……."

최 생원은 목소리까지 떨렸어요.

"아, 그래? 내키지 않으면 관두든가."

정 진사는 책을 덮고 일어났어요.

"그럼 계속 고민하시게나. 난 공부를 마쳤으니 가서 낮잠이나 한숨 자야겠네."

정 진사는 기지개를 켜며 하품을 했어요.

"아~함, 봄이라서 그런가? 요즘엔 잠을 자도 자도 계속 졸린단 말이야."

혼자 남은 최 생원은 공부가 통 손에 잡히지 않았어요. 아까 정 진사가 했던 말이 머릿속을 뱅뱅 돌았어요.

'그게 정말일까?'

'아냐. 정 진사가 날 놀려 먹으려는 게 분명해.'

'하지만 만약 그게 사실이라면 공부를 하나도 안 해도 일등은 식은 죽 먹기인데…….'

'안 돼, 안 돼. 그런 짓을 했다간 정말 끝장이라고.'

최 생원은 고민에 고민을 거듭했어요.

'싸~나이 대장부, 한 번 죽지 두 번 죽나?'

마음을 굳힌 최 생원은 정 진사를 찾아갔어요.

부채신공의 비밀

"드르렁~ 푸, 드르렁~ 푸."

정 진사는 코까지 골며 낮잠을 즐기고 있었어요. 정말 얄미워 죽겠어요.

'이 인간을 진짜! 콱!'

최 생원은 애써 성질을 죽이고 공손한 목소리로 정 진사를 깨웠어요.

"정 진사님~, 정 진사님~."

"음냐, 음냐……."

"정 진사님~, 잠깐만 일어나 보시라니까요."

"아함, 왜 자는 사람을 깨우고 그래? 무슨 일인가?"

정 진사는 잠이 덜 깬 목소리로 짜증을 냈어요.

'아유! 시험만 아니면 진짜!'

최 생원은 머리끝까지 치미는 울화를 참으며 아양을 떨었어요.

"정 진사님! 날씨도 더운데 시원한 수정과 한잔 드시지요."

"응? 고맙네. 자네가 웬일인가? 나한테 간식을 다 사 주고."

"쭉~쭉 드세요. 헤헤, 시원하죠?"

정 진사는 벌컥벌컥 들이켰어요.

"응! 시원하고 좋네. 그런데 나한테 무슨 볼일이라도?"

최 생원은 쭈뼛거리며 말했어요.

"아까 그…… 비법."

"응? 비법이라니?"

정 진사가 능청스러운 표정으로 모르는 체했어요. 난처해서 어쩔 줄 모르는 최 생원의 모습이 너무나 귀여웠거든요.

"그…… 공부를 하지 않고도 시험을 잘 볼 수 있는…… 그……."

"그……?"

"왜, 그거 있잖아요."

"아하, 그~거! 난~ 또 뭐라고! 왜? 못 하겠다면서?"

"이번 딱 한 번만……."

"험! 좋아, 시원한 수정과도 한잔 얻어먹었으니. 내 특별히 자네에게만 알려 줌세."

정 진사가 한껏 생색을 냈어요.

"그거 별거 아냐."

정 진사가 목소리를 낮춰 말했어요.

"자! 잘 보게. 우선 이 책에서 시험에 나올 만한 중요한 내용을 요약 정리해서 여기 종이에 깨알만 한 글씨로 적는 거야. 그리고……."

최 생원은 눈을 동그랗게 뜨고 정 진사가 하는 양을 가만히 지켜보았어요.

"종이를 돌돌 말아서 여기 부챗살에다가 '쏘옥' 끼우면 어때? 감쪽같지?"

"와!"

"이렇게 부채를 들고 '에헴~' 하며 살살 부치면 어때? 아무도 눈치 못 채겠지? 이게 바로 내가 즐겨 사용하는 비법이야. 일명 '부채신공'이라네."

세상에! 이런 꼼수가……. 이래서 그동안 정 진사는 공부를 별로 열심히 하지 않고도 언제나 일등을 차지했던 거였군요.

"자, 이제 이 책을 요약 정리해 보게."

최 생원은 정 진사가 시키는 대로 했어요.

"이렇게요?"

"아냐. 그렇게 많은 내용을 다 적으면 그게 무슨 커닝 페이퍼야? 차라리 책을 한 권 통째로 들고 시험장에 가는 편이 낫겠네. 좀 더 간추려 보게."

"이렇게요?"

"응, 잘했어. 그런데 좀 더 요약 정리할 수는 없나?"

"이렇게요?"

"응! 좋아. 정말 잘했어. 이번에는……."

"아싸! 드디어 완성!"

최 생원과 정 진사는 이틀 밤을 꼴딱 샜어요. 시험 날 아침이 되어서야 겨우 맘에 드는 커닝 페이퍼를 완성할 수 있었지요. 두 사람은 전 과목을 압축하고 또 압축해서 부채 하나에 모두 담았어요. 이제 이 부채 하나만 있으면 전 과목 만점은 따 놓은 당상이에요.

"자! 이제 시험을 보러 가세."

"네, 얼른 가요."

이틀 밤을 꼴딱 샜지만 최 생원은 하나도 피곤하지 않았어요. 부채를 손에 들고 있으니 세상을 다 가진 것만 같았어요.

둘은 시험장 앞에 도착했어요.

최 생원이 부채를 살살 부쳐 보았어요.

"어, 시원하다!"

부채에서 정답 냄새가 솔솔 나는 것만 같았어요.

"정 진사님, 시험 잘 보세요. 말 안 해도 당연히 잘 보시겠지만. 크크크."

최 생원이 정 진사에게 의미심장한 윙크를 보냈어요.

최 생원은 당당한 걸음걸이로 시험장으로 향했어요.

불타는 부채

"어이~, 최 생원~! 최 생원~!"

정 진사가 막 시험장으로 들어가려고 하는 최 생원을 불러 세웠어요.

"아참, 최 생원. 그 부채 잠깐만 빌려 주게."

"왜요?"

"하마터면 깜빡할 뻔했지 뭐야. 이 부채신공의 마지막 단계. 가장 중요한 그걸(?) 아직 하지 않았어."

"네?"

"그걸(?) 하지 않으면 부채신공은 효험이 없어진다네."

"오, 그게 뭔데요?"

최 생원은 정 진사에게 부채를 건네주었어요.

그런데 이게 도대체 무슨 일이지요? 정 진사가 갑자기 부채에 불을 붙이는 게 아니겠어요?

"앗! 이게 무, 무슨 짓이에요?"

최 생원이 급하게 불을 꺼 보려고 했지만 이미 부채는 활활 타오르고 있었어요.

"저, 정 진사님, 미, 미쳤어요?"

최 생원은 화가 나서 두 주먹을 불끈 쥐었어요.

'이틀 동안 잠도 한숨 못 자고 만든 비장의 무기를…….'

최 생원은 안타까운 마음에 이미 새까맣게 타 버린 재를 손으로 쓸어 모았어요.

하지만 아무 소용없었지요.

"최 생원, 미안."

정 진사가 별로 미안하지 않은 표정으로 말했어요.

최 생원은 이글이글 타는 눈빛으로 정 진사를 쏘아보았어요.

이번엔 절대 그냥 넘어갈 수 없어요.

최 생원은 두 눈을 부릅뜨고 정 진사에게 다가갔어요. 정 진사에게 한 방 먹일 기세였어요.

"최 생원, 그럼 시험 잘 보시게나."

눈치 빠른 정 진사는 얼른 시험장 안으로 달아나 버렸어요.

최 생원은 너무 실망한 나머지 눈물이 찔끔 났어요.

'얼마나 고생해서 만든 부채인데…….'

처음부터 정 진사의 말도 안 되는 제안을 받아들이는 게 아니었는데. 그나저나 이제 어떡하죠? 정 진사의 농간에 속아 커닝 페이퍼를 만드느라 시험 공부를 하나도 못 했으니 말이에요.

최 생원은 그저 눈물만 흘릴 뿐이었어요.

　＊　＊　＊

최 생원은 시험장에서 시험지를 받아 들었어요.

'앗!'

시험지에는 어젯밤 최 생원이 커닝 페이퍼에 적었던 내용이 그대로 실려 있었어요.

'아, 그 부채만 있었어도……'

최 생원은 정 진사를 원망하며 그저 눈물만 흘릴 뿐이었어요.

머릿속에 다 있지요

'어! 그런데 이 문제!'

최 생원은 문제를 보자 어제 커닝 페이퍼에 적었던 내용이 어렴풋이 기억났어요.

'응, 그러니까 이건……'

이게 웬일일까요? 일단 붓을 드니까 어제 커닝 페이퍼에 적었던 내용들이 최 생원의 머릿속에서 술술 풀려 나왔어요.

 참 신기한 일이지요. 그다음 문제도, 그다음 다음 문제도, 정말 요술처럼 머릿속에서 답이 술술 풀려 나왔어요.

 최 생원은 너무나 기쁜 나머지 눈물이 그렁그렁 맺힌 눈으로 싱글벙글 웃었어요. 울다 웃으면 똥구멍에……. 아! 날 테면 나라지요.

 시험 시간이 반도 지나기 전에 최 생원은 모든 문제를 풀 수 있었어요.

 최 생원은 시험지를 당당하게 내고 씩씩한 걸음으로 시험장을 나왔어요.

 시험장을 나오니 정 진사가 보였어요. 정 진사는 빙긋이 웃으며 최 생원을 맞이했어요.

 "어이~, 최 생원! 시험은 잘 봤나?"

 "정 진사니~임!"

 최 생원은 그대로 달려가 정 진사를 덥석 안았어요. 잠시나마 정 진사를 원망했던 게 너무 미안했어요.

 "그래, 어젯밤 만들었던 부채는 잘 있나?"

 "네, 아주 잘 있어요. 여기에요."

 최 생원은 자신의 머리를 가리키며 빙긋 웃었어요.

월시 결과 발표 날.

"아, 밀지 마. 밀지 말라니까!"

"이제 그만 봐. 나도 좀 보자!"

"그만 좀 봐. 오래 본다고 등수가 달라지나?"

"자넨 공부도 못하면서 석차표는 제일 먼저 보나?"

석차표 앞은 여느 때와 다름없이 전쟁터 같았어요. 유생들은 서로 밀고 당기며 아우성을 쳤어요. 환호성을 지르는 유생도 있었고 성적이 떨어진 유생은 눈물을 흘리기도 했어요.

최 생원도 유생들의 틈을 비집고 들어갔어요. 이번

등수가 너무나 궁금했거든요.

1. **최항**
2. 정약용
3. 유이재
……

"와~!"

최 생원은 눈으로 보고도 믿을 수가 없었어요. 하마터면 눈물을 흘릴 뻔했어요.

그때 누군가가 최 생원의 어깨를 두드렸어요.

돌아보니 바로 정 진사였어요.

"최 생원, 축하하네."

"고맙습니다. 이게 다 정 진사님 덕분이에요."

최 생원이 울먹이며 말했어요.

"다 열심히 공부한 자네 덕이지."

정 진사가 흐뭇한 표정으로 웃으며 최 생원의 등을 쓰다듬어 주었어요. ✻

앗! 성균관 유생들도

성균관 커닝 대사건!

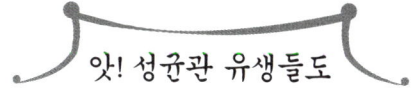 여러분은 혹시 커닝을 해 본 적이 있나요? 부끄럽지만 선생님은 학창 시절 '커닝왕'이었답니다. 다양한 수법들을 배우려고 친구들이 선생님에게 맛있는 걸 사 줄 정도였지요.

옛날이나 요즘이나 시험이 있는 곳엔 언제나 커닝하는 학생들이 있기 마련이에요.

공부하기는 싫지만 시험은 잘 보고 싶은 게 모든 학생들의 마음이니까요.

그런데 조선 최고의 수재인 성균관 유생들도 우리와 별로 다르지 않았나 봐요.

조선에서 출세해서 높은 관리가 되는 방법은 딱 하나, 바로 과거에 급제하는 것이었어요.

성균관 유생들도 예외는 아니었어요. 힘든 성균관 생활을 견디며 열심히 공부를 하는 이유도 다 과거에 급제하기 위해서였지요.

그런데 신성한 과거 시험장에도 각종 꼼수가 판을 쳤답니다.

가장 흔한 커닝 방법은 바로 초집(예상 문제집)을 소매에 숨겨 가지고 몰래몰래 훔쳐 보며 시험을 치는 수법이었어요.

최 생원처럼 커닝 페이퍼를 만들어 부챗살이나 붓두껍 속에 숨기는 방법도 유생들이 애용하는 수법이었지요.

그래도 이 정도까지는 애교로 봐줄 만한 수준이었어요.

가장 대표적인 꼼수는 바로 대리 시험이었어요. 말 그대로 공부를 잘하는 사람을 고용해서 대신 시험을 보게 하는 수법이지요.

이런 방법은 갈수록 대담해져서 조선 후기에는 시험을 대신 봐주는 전문 업체가 생겼을 정도였다니 말 다 했지요.

하지만 이러한 꼼수들을 단 한 방에 잠재울 조선 시대 최고, 아니 세계 커닝 역사에 길이 남을 슈퍼 울트라 커닝 사건이 있었으니…….

1705년(숙종 31년) 2월, 성균관 여종이 시험장 청소를 하고 있었어요.

"응? 이게 뭐지?"

여종은 시험장 한쪽 구석에 비쭉 삐져나와 있는 이상한 노끈을 발견했어요.

여종은 노끈을 주워 버리기 위해 당겼어요.

그런데 이상한 일이지요. 아무리

당겨도 노끈은 뽑힐 생각을 안 했어요.

"오냐! 네가 이기나 내가 이기나 한번 해 보자. 영차! 영차! 끙! 끙!"

여종은 젖 먹던 힘까지 다해 노끈을 당겼어요.

바로 그때였어요.

'쿵' 하고 땅이 무너지는 소리와 함께 여종은 그만 뒤로 벌러덩 자빠지고 말았어요.

'헉!'

여종은 눈앞의 믿을 수 없는 광경에 입을 떡 벌렸어요.

눈앞에 옛날이야기에서나 볼 수 있던 커다란 땅굴이 있었던 거예요. 사람 하나쯤은 너끈히 지나다닐 수 있을

만큼 큰 비밀 통로였어요.

비밀 통로의 길이는 무려 40미터가 넘게 이어졌어요. 시험장 동쪽 담을 넘어 성균관 밖으로 연결되었지요.

비 올 때를 대비해 기왓장을 이용한 방수 시설까지 설치되었으니 당시로 보면 최첨단 비밀 통로였지요.

이 비밀 통로는 무슨 목적으로 만들어졌을까요? 그거야 뻔하지요.

1. 시험이 시작되면 시험지를 비밀 통로에 넣는다.
2. 비밀 통로에 숨어 기다리던 사람이 그 시험지를 성균관 밖으로 배달한다.
3. 밖에 있는 누군가가 대신 시험을 친다.
4. 다시 비밀 통로를 통해 전달한다.

누구인지는 모르지만 시험을 잘 보겠다는 일념으로 땅굴을 파는 어마어마한 대공사를 해냈으니 그 노력만큼은 정말 대단한 것 같아요.

아무튼 이 사건은 조선 사회를 큰 충격에 빠뜨렸어요.

임금님이 크게 노해서 수십 명을 붙잡아 심문했지만 끝내 진짜 범인을 잡아낼 수는 없었어요. 결국 이 사건은 미궁에 빠진 채 역사 속으로 사라지고 말았답니다.

하지만 모든 커닝이 다 성공한 것은 아니었어요. 조선 시대에도 부정 시험은 엄하게 처벌했답니다. 부정 시험을 치르다 들켜 평생 과거에 응시할 수 없게 된다거나 심지어 옥살이를 하는 경우도 많았어요.

커닝으로 당장 성적을 올리기는 쉬워요. 하지만 커닝을 해서 훌륭한 사람이 된 예는 역사 속에서도 찾아볼 수 없지요. 훌륭한 사람들은 언제나 실력으로 정정당당히 승부한 사람들이었으니까요.

• 성균관 공부법 함께 배워 봐요 •

4. 노트 정리법

성균관의 네 번째 공부비법은 바로 '요약 정리'랍니다.

이 이야기에 등장하는 정약용은 자신의 공부비법을 요약 정리라고 말했지요.

실제로 정약용은 아들에게 편지를 통해 요약 정리가 중요하다고 강조했어요.

편지에는 다음과 같이 적혀 있답니다.

"책을 볼 때는 중요한 것만 모아서 따로 정리해 두는 습관을 길러야 할 것이다. 중요하지 않은 부분은 다시 볼 것도 없다. 이런 방법으로 공부를 한다면 100권의 책을 공부하는 데 단 열흘밖에 걸리지 않을 것이다."

정약용은 요약 정리를 잘하는 법을 이렇게 설명했어요.

1. 처음에는 꼼꼼하게 모두 볼 것(정독)
2. 책을 읽으며 깨달은 것이 있으면 적어 둘 것(질서)
3. 중요한 부분은 따로 정리할 것(초서)

이렇게 자신만의 공부법을 알려 주었는데도 아들이 공부를 잘하지 못하자 정약용은 안타까운 나머지 아들을 이렇게 꾸짖었어요.

"내가 정말 중요한 공부법을 알려 주었는데도 너는 틀림없이 잊어버린 게로구나!"

조선 최고의 학자인 정약용이 아들에게만 특별히 가르쳐 준 공부법. 바로 요약 정리!

이렇게 요약 정리를 잘할 수 있다면 공부를 잘하는 것쯤은 식은 죽 먹기랍니다.

【 선생님이 살짝 알려 주는 1등 노트 정리법 】

1. 스스로 생각했을 때 중요하다고 생각되는 점 – 검은색
2. 선생님이 강조하는 점 – 파란색
3. 이해가 잘 안 되거나 궁금한 점 – 초록색
4. 나와 생각이 다른 점 – 빨간색

그냥 펼쳐 보기만 해도 중요한 게 눈에 쏙쏙 들어오는 나만의 노트를 만들어 봐요.

6. 내일은 일등!

내일은 일등

"그, 그래서 어떻게 되었나요?"

항이는 그다음 이야기가 너무너무 궁금했어요. 할아버지 이야기는 정말 재미있었거든요.

"최항 할아버지는 더욱 열심히 공부해서 마침내 과거 시험에 장원으로 급제하셨지. 집현전 학자가 되어 성균관에서 갈고닦은 학문 실력을 맘껏 발휘하셨단다."

항이는 고개를 끄덕였어요.

할아버지는 항이를 흐뭇하게 바라보며 물으셨어요.

"항이야, 네가 쓰는 한글은 누가 창제했는지 아니?"

"세종대왕님요."

항이는 0.1초 만에 대답을 했어요. 아무리 항이가 공부를 못

한다고 해도 그 정도는 식은 죽 먹기거든요.

"그래, 우리 항이가 잘 알고 있구나. 하지만 세종대왕 혼자서 한글을 창제한 건 아니란다. 집현전 학자들의 도움이 있었기에 세계에서 가장 우수한 한글을 창제할 수 있었지. 특히 최항 할아버지는 한글 창제에 큰 공을 세워서 세종대왕의 신임을 독차지하셨단다."

"네? 정말요?"

항이는 가슴이 벅차올랐어요.

'세상에! 우리 선조 할아버지가 세종대왕과 함께 한글을 창제하셨다니!'

내일 아침 학교에 가자마자 친구들에게 자랑을 해야겠어요. 어쩌면 이제부터 친구들이 한글을 쓸 때 항이의 허락을 받아야 할지도 몰라요.

하지만 항이는 금세 시무룩해졌어요.

이렇게 훌륭하신 선조 할아버지의 후손인 항이는 반에서 꼴찌니까요. 선조 할아버지가 하늘에서 지켜보신다면 얼마나 속상하실까요?

항이는 너무나 부끄러운 나머지 쥐가 되어 구멍에라도 숨고 싶은 심정이었어요.

항이는 얼굴이 빨개진 채 고개를 푹 숙이고 있었어요.

할아버지가 항이의 어깨를 두드리며 말씀하셨어요.

"항이야! 너도 최항 할아버지처럼 일등이 될 수 있단다. 네가 누구냐? 네가 바로 최항 아니냐? 허허허."

항이는 두 주먹을 불끈 쥐었어요. 한글을 창제하신 훌륭한 선조 할아버지의 얼이 항이의 가슴 속에 살아 있으니까요.

어제의 항이는 꼴찌였어요. 하지만 두고 보세요. 내일의 항이는 분명 다를 거예요. 반에서 일등, 전교에서 일등, 아니 대한민국에서 일등도 문제없어요. 성균관 꼴찌에서 조선 최고의 학자가 된 최항 할아버지처럼요. ✽

【 실존 인물을 소개합니다 】

미운 오리 새끼, 백조가 되다 **최 생원**

실제 인물 : **최항** (1409~1474년)

최항은 어린 시절 공부를 너무나 못한 나머지 성균관에 입학할 수 없었어요. 그래서 사량생(정원 외 입학)으로 공부를 할 수밖에 없었지요.

최항은 여러 가지 차별 대우를 받았답니다. 학교 식당에서 밥을 주지 않아서 직접 밥을 싸 와야만 했고 학교 행사에도 참여할 수 없었어요. 친구들은 최항에게 도둑 공부를 한다고 놀려 댔어요. 최항은 성균관의 미운 오리 새끼였지요. 하지만 최항은 설움을 이겨 내고 자신만의 공부법을 개발해 과거에 장원 급제(수석 합격)했답니다. 최항을 놀리던 유생들은 깜짝 놀랄 수밖에 없었지요.

그뿐이 아니었어요. 최항은 성균관 대사성(성균관 교장)이 되어 성균관으로 돌아왔어요. 성균관 내 모든 이들은 최항에게 고개를 숙였답니다. 미운 오리 새끼가 마침내 백조로 변신한 순간이었지요.

또한 최항은 집현전 학자로서 세종대왕을 도와 《훈민정음》과 《경국대전》, 《용비어천가》 등의 편찬에 힘을 보탰어요. 그리고 그 공을 인정받아 마침내 조선 최고의 벼슬인 영의정에까지 올랐답니다.

시험 공포증을 가진 정 진사
실제 인물: 정약용 (1762~1836년)

정약용은 어린 시절 신동으로 이름을 날린 천재 소년이었어요. 4살에 천자문을 익히고 7살에 한시를 짓기 시작해서, 10살에 이미 자신의 시집을 발표할 정도였으니까요.

성균관에 입학해서도 반제에 7번이나 합격하고 그중 4번이나 수석(1등)을 차지하는 등 우수한 성적으로 임금님의 사랑을 듬뿍 받았지요. 임금님은 가끔씩 정약용을 밤에 불러 다른 유생들 몰래 야식과 귀한 선물을 챙겨 주었답니다.

그런데 어찌된 일일까요? 이렇게 공부를 잘하는 정약용도 대과만 보면 미역국을 먹기 일쑤였으니, 무려 6년 동안 대과에 낙방해서 임금님도 걱정을 할 정도였어요.

하지만 정약용은 이에 굴하지 않고 노력해서 마침내 전체 2등이라는 우수한 성적으로 대과에 합격했어요. 시험 공포증을 이겨 낸 정약용은 이후 더욱 노력해서 조선 최고의 학자가 되었답니다.

더 알고 싶어요

✽ 성균관은 어떤 곳일까요?

조선 500년의 역사를 이끌어 온 성균관.
성균관은 조선 최고의 국립 교육 기관이랍니다. 여러분이 알고 있는 퇴계 이황, 율곡 이이, 정약용은 물론 이 책의 주인공 최항까지, 성균관은 조선을 이끌어 온 훌륭한 인물들을 배출한 조선 최고의 학교였어요.
그럼 성균관이 어떤 곳인지 좀 더 자세히 알아볼까요?

✽ 성균관은 언제 생겼을까요?

흔히 '성균관' 하면 조선 시대를 떠올리지만 사실 성균관은 고려 시대에 뿌리를 두고 있답니다.
고려 시대의 '국자감'이란 국립 교육 기관이 고려 충렬왕 때 '성균감'으로 바뀌었다가 이후 성균관이 되었다고 해요.
지금은 성균관 대학교가 성균관의 정신을 이어받아 발전시키고 있답니다.

✽ 성균관에는 어떻게 입학할 수 있었나요?

조선 최고의 학교인 만큼 성균관에는 아무나 들어갈 수 없었어요.
그렇다면 누가 들어갈 수 있었을까요?
'소과'라는 과거 시험에 합격을 한 사람만 입학할 수 있었답니다.
하지만 예외도 있었어요. 가끔 정원이 미달될 경우 추가로 모집하기도 했는데, 이들을 사량생이라고 불렀답니다. 우리의 주인공 최항이 바로 사량생이었지요.
사량생은 여러 가지 차별을 받았다고 해요.
성균관에서 밥을 주지 않아 도시락을 싸서 다녀야 했고 기숙사 방도 무려 10명씩 복닥거리며 써야 했지요. 다른 유생들의 놀림감이 되거나 괴롭힘을 당하는 일도 비일비재했답니다.

＊성균관에서도 시험을 봤나요?

쪽지 시험, 중간 고사, 기말 고사 등등 정말 많은 시험들이 여러분을 힘들게 하지요? 조선 시대에도 다르지 않았답니다. 성균관에서도 다양한 시험들이 유생들을 공포에 떨게 했지요.
성균관에는 어떤 시험이 있었는지 함께 알아볼까요?

1. 일고

조선 시대 성균관에서는 매일 보는 시험이 있었는데, 바로 '일고'라는 시험이었어요.
모든 유생들의 이름을 적은 종이를 커다란 통에 넣고 휘휘 저어서 하나를 뽑는 방식이었어요. 쉽게 말해 추첨식이었지요. 이름이 당첨된 사람은 전교생 앞에서 시험을 봐야만 했어요.
잘 보면 정말 다행이지만 만약 틀리기라도 하면 전교생 앞에서 창피를 당하는 꼴이었어요. 때문에 모든 유생들은 일고 시간만 되면 사시나무처럼 벌벌 떨어야만 했답니다. 성균관 유생들에게 일고는 공포의 이름이었지요.

2. 순고
열흘에 한번씩 보는 시험이랍니다.
순고는 글짓기 시험, 그러니까 논술 시험인 셈이었어요.
유생들이 주제에 맞는 글을 쓰면 교관이 조언해 주는 방식이었답니다.
시험이었지만 논술 수업의 일종이었어요.
하지만 유생들은 순고도 일고만큼이나 두려워했답니다.
여러분도 알겠지만 글짓기란 무척 힘든 일이잖아요. 게다가 자신이
힘들게 쓴 글을 교관에게 하나하나 검사받는 것도 무척 자존심 상하는
일이고요.
유생들이 싫어한 것도 당연했겠지요.

3. 월고
한 달에 한 번씩 보는 시험이랍니다.
관리가 파견되어 실시하는 학력 평가였지요.
10등 안에 들면 과거 시험을 곧장 볼 수 있는 특전이 주어졌답니다.

4. 연고
일 년에 두 번 보는 시험이랍니다.
성균관 내 가장 큰 시험이었어요. 우수한 성적을 낸 사람에게는 바로
과거 시험(문과복시)에 응시할 수 있는 자격이 주어졌답니다.
다른 이름으로는 춘추도회라고도 합니다.

* * *

하지만 공부만 잘한다고 성균관을 졸업할 수 있는 건 아니었어요.
성균관에서 가장 중요한 것은 '출석'이었답니다. 성실하게 수업에

참석한 사람만이 성균관을 졸업하고 과거 시험을 볼 수 있었지요. 그런데 한 가지 재미있는 것은 성균관에서는 수업 중에 출석 확인을 하지 않고 식당에서 식사를 하며 출석 확인을 했다는 거예요. 아침, 저녁을 꼬박꼬박 챙겨 먹어야만 출석으로 인정받을 수 있었답니다. 배가 아프고 입맛이 없어도 출석을 인정받기 위해서는 식사를 꼭 해야만 했지요.

아마도 밥을 꼬박꼬박 챙겨 먹는 건강하고 부지런한 학생이 학교 공부도 잘할 수 있다고 믿었기 때문일 거예요.

이렇게 성균관 유생들은 공부만 잘하는 사람이 아니었어요. 성실한 자세와 건강한 몸을 가진 진정한 모범생들이었지요.

공부만 잘하는 학생은 반쪽 우등생이랍니다. 여러분도 성균관 유생들처럼 몸과 마음이 건강한 진정한 우등생이 되길 바랄게요.

[참고 문헌]

《경국대전》원전

《어우야담》원전

《이재난고》원전

《조선왕조실록》원전

《태학지》원전

권영식(2012) 《다산의 독서 전략》, 글라이더

이만규(2010) 《조선 교육사》, 살림터

이한(2010) 《성균관의 공부벌레들》, 수막새

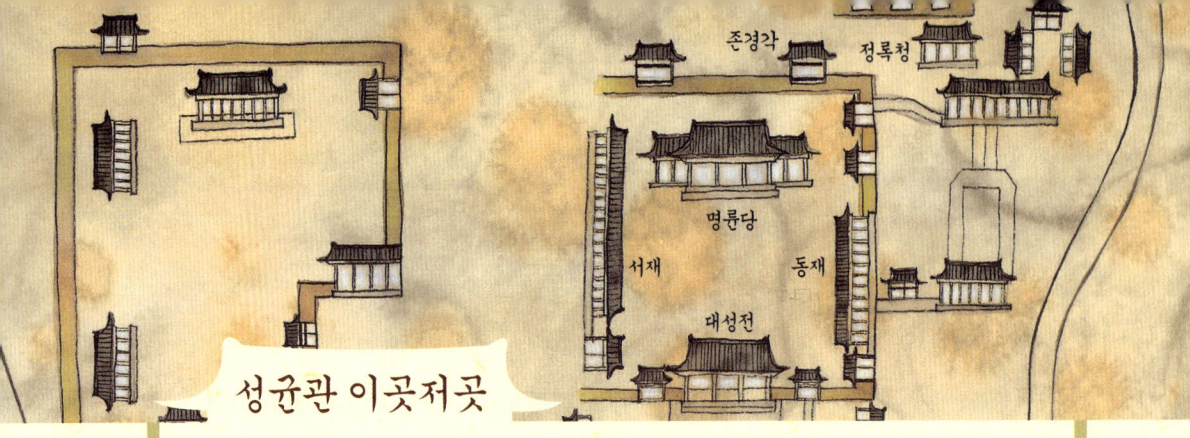

성균관 이곳저곳

● 대성전
유교의 큰 어른인 공자, 맹자 등 성현들의 제사를 지내는 곳이랍니다. 유생들은 이곳 대성전에서 성현들에게 경건한 마음으로 참배했지요. 대성전은 성균관에서 가장 중요한 곳이에요. 성균관을 상징하는 건물이라고 볼 수 있어요.

● 명륜당
성균관 유생들이 수업을 듣는 곳이랍니다. 오늘날로 치면 강의실인 셈이지요. 명륜당 건물 뒤뜰에는 울창한 소나무 숲이 있었어요. 그래서 무더운 여름날 유생들의 휴식 공간으로 인기가 좋았답니다.

● 동재, 서재
성균관 유생들이 생활하는 기숙사랍니다. 상재생(정식 입학생)의 경우 2~4명이 한 방에서 지냈지만 하재생(추가 입학생)의 경우 10명이 한 방에서 복닥거리며 생활해야만 했지요. 특히 한겨울에는 난방이 되지 않아 성균관 유생들은 기숙사 생활을 몹시 힘들어했답니다. 과거 합격 잘되는 방, 귀신 나오는 방 등 기숙사에는 여러 가지 전설을 가진 방들도 많았다고 해요.

● 존경각
성균관의 도서관이랍니다. 옛날에는 오늘날보다 책이 훨씬 비쌌어요. 그래서 아무리 돈이 많아도 필요한 책을 모두 살 수는 없었지요. 그런 유생들을 위해 이곳 존경각에는 수만 권의 책이 소장되어 있었답니다. 성균관 유생이라면 누구나 자유롭게 책을 빌려 볼 수 있었지요. 하지만 옛날에도 책 도둑은 있는 법. 한 권 두 권 슬쩍 하다 보니 조선 후기에는 책이 거의 없어서 서고가 텅텅 비어 있었다고 해요.

● 정록청
이곳은 교직원들이 일하는 곳이에요. 교무실이라고 생각하면 돼요. 예나 지금이나 학생들은 선생님을 무서워하는 법. 유생들은 이곳을 지날 때면 발소리를 죽이고 종종걸음으로 걸었다고 해요. 게다가 이곳 정록청에서 과거 시험지를 채점하기도 했답니다. 그러니 유생들에게는 무시무시한 곳이었겠죠?